KB212005

담담하게 단단하게

담담하게
단단하게

초판 1쇄 인쇄 _ 2013년 11월 20일
초판 1쇄 발행 _ 2013년 11월 25일

지은이 _ 안선희

펴낸곳 _ 바이북스
펴낸이 _ 윤옥초
편집팀 _ 도은숙, 김태윤, 문아람
디자인팀 _ 이민영, 김미란, 이정은

ISBN _ 978-89-92467-78-0 03230

등록 _ 2005. 7. 12 | 제 313-2005-000148호

서울시 마포구 양화로 78 703호
편집 02)333-0812 | **마케팅** 02)333-9077 | **팩스** 02) 333-9960
이메일 postmaster@bybooks.co.kr
홈페이지 www.bybooks.co.kr

책값은 뒤표지에 있습니다.

책으로 아름다운 세상을 만드는 ─ 바이북스

담담하게
단단하게

안선희 지음

바이북스
ByBooks

여기 수록되어 있는 글들은 2004년부터 2012년까지 내가 가르치는 대학의 캠퍼스에서 행한 설교문들이다. 애초에 설교의 대상은 정해져 있었고, 상황도 주어졌다. 따라서 이 글들은 주어진 조건에 맞추어 작성된 설교문이라고 할 수 있다.

그렇다고 이 글들이 전형적인 설교문과 동일한 특성을 가진 것은 아니다. 일반적으로 설교문은 깊이 있는 신학적 내용과 주석학적 면밀함을 갖추고 있다. 하지만 이 글들은 이와 달리 요즘 젊은이들의 상황을 염두에 두면서 그에 대한 성서적 답변을 구하려고 애쓴 것이다.

나는 이 설교문들을 통해 교리적 내용을 그대로 전달하려고 하지 않았다. 대신 그리스도교의 가치관을 가급적 보편적인 언어로 재해석하여 오늘을 살아가는 젊은이들에게 수용 가능한 글이 되도록 노력했다.

여기저기서 젊은 세대를 향해 소리 높여 뜨거운 열정을 노래하고, 너도나도 줄기차게 '힐링'을 공급하고 있다. 하지만 나는 그것들보다는 인생에 대한 담담함을 권유하고 싶다. 열정도 좋지만 뿌리가 깊지 않으면 지속되기 어렵고, 그래서 대부분의 경우 쉬이 식어버리기 때문이다. 또한 대단한 열정 없이도 우리는 인생을 살아내야 하기 때문이다. 힐링 또한 지속성이란 면에서 그리

큰 점수를 얻기 어렵다.

나는 그저 젊은이들이 자신에게 주어진 생을 담담하게 살아낼 수 있다면 좋겠다. 나아가 내면이 단단한 존재가 되었으면 좋겠다. 인간이 너무도 쉽게 부서지고 깨어지기에 자주 누군가를 찾아야만 하고 무엇인가에 의지해야 하는 존재라고 하더라도, 스스로 자신을 다잡을 수 있고 흐트러진 내면을 여밀 수 있는 내 마음의 주인으로 설 필요도 있기 때문이다.

크고 화려한 것에 열광하는 시대다. 그럼에도 젊은 세대가 크고 화려한 이벤트에 눈 돌리기보다 잔잔하고 소박하게 말 걸어오시는 하나님의 세미한 음성에 귀 기울일 수 있다면 참 좋겠다. 그들이 밖에서 누군가 연주해주는 음악 선율에 자신을 내맡긴 채 뜨거운 눈물을 흘리며 큰 소리로 기도드리기보다 고요한 침묵 가운데 내면 깊은 곳에서 들려오는 그분의 음성을 차분히 들을 수 있다면 더없이 좋겠다.

어느 때보다 세상을 힘겹게 살아가는 동시대의 젊은이들에게 이 설교문들이 한 '꼰대'의 훈계로만 읽히지 않았으면 한다. 담담하고 단단하게, 질척거리는 인생길을 그들과 함께 걷고 싶다.

2013. 11. 안선희

| 차례 |

머리말

I. 담담하게

Ⅱ. 단단하게

I. 담담하게

위
로

거처 찾기

대학원에서 공부하는 젊은이에게

자기 땅에 오매 자기 백성이 영접하지 아니하였으나 영접하는 자 곧 그 이름을 믿는
자들에게는 하나님의 자녀가 되는 권세를 주셨으니

요한복음 1:11-12

대학원에서의 한 학기는 학부와는 다릅니다. 한 학기를 마칠
때마다 무언가 손에 잡히는 결과물이 있어야 한다는 압력을 받기
때문입니다. 학부 때보다 졸업이 빨리 다가오기 때문에 초조감은
더 커져만 갑니다. 대개의 경우 서너 학기면 교과 과정이 끝나고
논문만을 남겨놓게 됩니다. 코스워크를 할 동안에도 그렇지만,
논문을 쓸 때에는 막연한 마음과 초조한 마음이 생기게 됩니다.
공부를 좀 더 하고 싶어서 대학원에 오긴 했지만, 그래서 공부가
재미있기도 하지만, 때로는 적성에 잘 맞는 것인지 아닌지도 잘
모르겠고, 앞으로 평생 공부를 해야 할지, 혹은 할 수 있을지 확신
이 들지도 않습니다. 그렇다고 요즘 같은 상황에서 취업을 할 수
있으리란 보장도 없습니다.

시간만 빠르게 흐르는 것 같고, 공부는 더디고, 원하는 실험 결과는 나오지 않고……. 마치 날은 어두워오는데 거처를 찾지 못한 채 길 위에 덩그러니 서 있는 느낌이 들기도 합니다. 미래는 불안하고, 나 자신의 지금 상태는 여러모로 불만족스럽고, 어느 누구 하나 내게 깊은 신뢰를 주지 못하는 불안, 불만, 불신만 가득합니다. 그야말로 삼불의 시기입니다. 어디에 마음을 두어야 할지조차 모를 정처 없는 시기입니다. 어두움의 시기라고 해도 지나치지 않을 것입니다.

이제 성탄절까지 2~3주 남았습니다. 그리스도교에서는 성탄절 전 4주간을 대림절이라고 부릅니다. 대림절은 기다림의 절기입니다. 무엇을 기다릴까요? 대림절은 2,000년 전 베들레헴 마구간에 오신 역사적 예수님의 오심을 기념하는 절기, 곧 성탄절을 기다리는 절기입니다. 또한 대림절은 역사의 종말에 다시 오실 예수 그리스도의 재림을 기다리는 절기입니다. 여기에 하나의 의미를 더 보태자면, 대림절은 사람들의 마음속에, 우리의 일상생활 속에 예수님의 오심을 기다리는 절기입니다.

이 기다림의 절기에 불안하고 불만족스럽고 불신하는 시대를 사는 대학원생 여러분은 무엇을 기다리시는지요? 기다리는 대상이 무엇이든지, 누구이든지와 상관없이 기다리는 일은 가슴 설레는 일입니다. 우리는 왜 기다리는가? 기다림 속에는 그리움이 있고, 기대가 있고, 희망이 있기 때문입니다. 우리는 그리워하지 않는 것을 기다리지 않습니다. 우리는 기대하지 않는 것을 기다리지 않습니다. 우리는 희망하지 않는 것을 기다리지 않습니다. 그리워하고, 기대하고, 희망하기 때문에 우리는 기다리는 것입니다. 우리의 갈망이 우리를 기다릴 수 있게 하는 것입니다.

하지만 기대하고 희망한다고 해서 우리의 기다림이 쉬운 것은 아닙니다. 내가 그리워하는 것이, 내가 기대하는 것이, 내가 희망하는 것이 내게 와줄 것인가 회의하기 때문이지요. 그래서 한 시인은 "세상에서 기다리는 일처럼 가슴 아리는 일 있을까"라고 노래합니다. 기다림은 정해진 기한이 없습니다. 기다림의 대상이 내 눈앞에 찾아와주리라는 보장도 없습니다.

더 큰 문제는 기다림의 대상이 우리의 기대와 사뭇 다를 수 있다는 데 있습니다. 오랜 인내와 노력을 통해 우리가 기다리는 무언가가, 누군가가 우리 앞에 찾아왔는데도 정작 우리가 그것을 알아보지 못한다는 데 있습니다. 그래서 그것을 환영하지 않는다는 데 있습니다.

그림 한 폭을 보여드리겠습니다. 두 사람이 밤에 길을 가고 있습니다. 남자는 수레를 끌고 있고, 젊은 여자는 나무 수레 위에 앉아 있습니다. 그 여자는 자신의 양팔로 몸을 감싸고 있습니다. 이 그림은 베아테 하이넨Beate Heinen이라는 독일 여류 화가가 그렸습니다. 이 화가는 주로 《성서》의 이야기를 현재적인 모티프로 그려내고 있습니다. 지금 보시는 이 그림도 《성서》의 내용을 오늘 여기에 이루어지는 사건으로 그려내고 있습니다. 이 그림에 대해 하이넨이 붙인 제목은 〈거처 찾기Herbergssuche〉입니다. 요셉과 함께 베들레헴으로 가는 마리아를 상기시켜주고 있습니다.

이 그림에서 눈에 띄는 것이 하나 있습니다. 바로 배경에 보이는 집들입니다. 이 집들은 오늘 우리 도시의 고층 아파트와 비슷합니다. 집집마다 창문이 있고 집 안이 밝습니다. 집집마다 사람이 살고 있겠지만 사람은 거의 보이지 않습니다. 몇 사람만이 창문가에 서서 도로를 내려다봅니다. 아마 수레 끄는 소리가 들렸는지도 모르겠습니다. 이 사람들을 보면, 왼쪽에 서 있는 두 사람은 젊은 부부 같아 보입니다. 창문을 열고 구경하는 것 같습니다. 오른쪽 위에 보이는 사람은 창문을 열지 않았고, 아마도 남자인 것 같습니다. 바로 밑에 서 있는 사람은 나이가 좀 든 여자 같습니다. 그리고 그 왼쪽 옆에 있는 사람은 창문 곁에 앉아 있는 듯합니다. 혹 휠체어에 앉아 있는 걸까요?

여기까지 이상한 것이 없습니다. 그러나 그 집 모습 중에 이상한 부분이 있습니다. 혹시 발견하셨는지요(초 네 개의 모습, 유리창이 소포와 비슷하다 등)? 그렇습니다. 집에 출입구가 없습니다. 들어갈 수 없습니다. 그뿐만 아니라 집에서 밖으로 나올 수도 없습니다. 구경할 수 있는 창문밖에 없습니다. 그래서 수레를 끄는 사람과 수레 위에 앉아 있는 이는 집 안으로 들어가지 못합니다.

사람들이 애타게 기다리던 예수님을 잉태한 마리아와 요셉을 환영하는 열린 문이 보이지 않습니다. 왜 이들 사이에 장벽이 높게 쌓여 있게 되었을까요? 사람들이 기다리던 예수님이 자신들의 가시권에 들어왔는데 정작 그들은 어떤 이유에서 예수님의 어머니와 아버지를 맞아주지 않는 것일까요? 기다림의 대상이 자신들의 기대와 너무 달랐기 때문입니다. 자신들이 기다리는 메시아는 대단한 가문의 출신일 것이라는 기대를 갖고 있었기 때문에 자기 앞에 나타나게 될 초라한 메시아와 그 가족을 알아보지 못했던 것입니다. 신약 성서 〈요한복음〉 1장 11절은 이렇게 이야기합니다. "그분이 자기 나라에 오셨지만 백성들은 그분을 맞아주지 않았다."

오늘의 그림은 기다림의 대상이 이미 왔음을 증언합니다. 그럼에도 기다리는 우리가 눈이 어두워져 그것을 알아보지 못하고 있다고 주장합니다. 이 그림은 기다리는 우리 자신에 대해 무언가를 생각하게 합니다. 이번 대림절에 우리가 어디에 서 있는지를 성찰하게 합니다. 혹시 우리는 창문가에 보이지 않던 사람처럼 우리를 찾아오시는 예수님의 오심을 전혀 알아차리지 못한 것은 아닙니까?

대학원생 여러분, 여러분은 대학원 생활 가운데 무엇을 기다리십니까? 좋은 학점입니까? 깜짝 놀랄 만한 실험 결과입니까? 빛나는 학위증입니까? 외형적으로 보면 학점, 실험 결과, 학위증이 기다림의 대상이 될 수 있을 것입니다. 하지만 조금 깊이 생각해보면 학점, 실험 결과, 학위증은 진정한 기다림의 대상일 수 없습니다. 그것은 단지 드러난 결과물에 불과하기 때문입니다.

우리가 정작 기다려야 할 것은 학문적 수련입니다. 흔히 학문적 수련은 학문적 성과나 학위에 도달하기 위한 단순한 수단이라고 생각하기 쉽습니다. 하지만 실은 그렇지 않습니다. 학문적 성과나 학위는 학문적 수련이 제대로 되었음을 입증하는 하나의 징표나 기호에 불과합니다. 그러고 보면 우리가 진실로 기다려야 할 것은 인내와 성실함을 통해 학문적으로 수련을 쌓아가는 것 그 자체입니다.

석사 학위를 받고 박사 학위를 받고 대학에서 교수가 되면 모든 것이 이루어지는 것입니까? 결코 그렇지 않습니다. 교수가 되어도 학문적 수련을 계속해야 합니다. 학문의 세계는 끝이 없기 때문입니다. 그러고 보면 실험 결과, 학위증, 교수 자격보다 더 오랫동안 지속되는 것은 학문적 수련입니다. 그렇다면 실험 결과나 학위증이 학문적 수련의 목표가 된다는 것은 말이 되지 않습니다. 우리의 기다림의 대상이 실험 결과나 학위증이 되는 것은 너무 미시적이고 근시안적인 생각입니다.

대림절은 예수님이 우리에게 오시는 것을 기다리는 절기입니다. 동시에 이미 우리 일상 한가운데 오신 예수님을 새롭게 발견하고 확인하는 절기입니다. 대림절에 우리는 우리가 기다리는 대상을 고대하는 동시에 이미 도래한 기다림의 대상을 맞이해야 합니다. 아직 오지 않은 동시에 이미 왔다는 그리스도교의 시간성이 지닌 역설을 깨달아야 합니다.

대학원생 여러분, 무엇을 기다리십니까? 차분히 생각해보십시오. 여러분이 기다리는 대상은 이미 도착했습니다. 이제 우리의 질문은 바뀌어야 합니다. 여러분은 그토록 기다려왔던 대상을 발견하셨습니까? 생각보다 여러분이 기다려왔던 대상은 이미 여러분 가까이에 있습니다. 어두운 눈을 닦고 주위를 둘러보면 우리가 기다려왔던 대상은 바로 우리 곁에 있음을 깨닫게 될 것입니다.

그리스도인이 그토록 기다리는 예수님은 이미 우리 일상 가운데 계십니다. 우리가 그분의 현존을 인식하지 못할 뿐이지요. 대학원생 여러분이 기다리는 대상도 이미 도래했습니다. 여러분은 이미 학문적 수련 가운데 있기 때문입니다.

그러고 보면 우리가 기다려야 할 것은 대상 그 자체가 아니라 대상의 발견입니다. 대상의 발견이나 인식을 기다려야 한다는 말입니다. 이런 의미에서 대림절은 기다림의 절기인 동시에 깨달음의 절기입니다.

그러면 어떻게 깨달아야 하느냐고요? 통속적 관점이나 선입견을 버리고 우리의 마음을 열어야 합니다. 그림에서 보았던 폐쇄된 건물에 외부 세계와 통하는 문을 만드는 것입니다. 문을 만들려면 건물의 일부를 부수어야겠습니다. 마찬가지로 우리의 고집이나 아집을 허물고 마음 문을 활짝 열어야 합니다.

부디 대림절 기간 동안 가시적 결과에 연연하지 마시고 여러분의 눈을 크게 뜨고 학문적 수련 과정을 기쁨으로 맞이하셨으면 좋겠습니다. 또한 마음의 문을 활짝 열고 우리 마음 가운데, 우리 복잡하고 고민 많은 생활 가운데 이미 와 계시는 예수님을 기꺼이 받아들이는 저와 여러분이 되었으면 좋겠습니다. 우리 마음 가운데 거처를 찾으시는 예수님께 우리의 마음을 내드리는 저와 여러분이 되었으면 좋겠습니다. 예수님께서 여러분의 마음의 문을 두드리는 소리가 들리지 않습니까? 귀 기울여 들어보시기 바랍니다.

사랑과 은총이 가득하신 하나님, 이제 올해도 한 달이 채 남지 않았습니다. 올 한 해 이러저러한 모습으로 분주하게 살아온 저희들, 힘들고 어려울 때 저희와 함께해주셔서 감사합니다. 또한 저희들에게 때로 잔잔한 삶의 기쁨도 누리게 하신 은혜에 감사드립니다. 하나님이 사람이 되어 오시는 이 거룩한 절기에 오늘 대학원생이 함께 모일 수 있게 하신 은혜에도 감사드립니다. 하나님의 섭리 가운데 대학원에서 학문에 정진할 수 있음을 고백합니다. 모든 영광과 찬양을 하나님께 드립니다.

사랑이신 하나님, 이곳에 모인 대학원생 모두 학문의 여정 속에서 남들이 알지 못하는 어려운 순간들도 많을 줄 압니다. 절망이 친구 하자 달려들 때도 있습니다. 하늘로부터 새 힘과 지혜를 주셔서, 온갖 절망을 견뎌내게 하옵소서. 때로 학문하는 보람으로 하늘을 찌를 듯한 희열이 있을 때에도 오만하지 않도록 저희의 중심에 무게를 주시옵소서. 끈기 있게 공부하게 하시고, 학문하며 겪는 여러 시름을 깨달음의 환희로 극복하게 하옵소서. 이곳에서 만난 동학과 더불어 서로가 서로에게 애정 어린 비판과 따뜻한 충고로 격려하게 하시고, 다양한 분야를 공부하는 가운데서도 한곳을 바라보게 하시며, 버려진 곳, 세상의 후미진 곳을 밝히는 지식인이 되게 하옵소서. 학문 여정에서 버려진 사람과 버려진 사물을 귀히 여기는 관점을 얻게 하옵소서.

우리 대학원생들, 사랑과 봉사와 헌신의 그리스도 정신을 체득하여 세상을 보다 진실하고 선하고 아름답게 만드는 데 기여하는 수월한 학문 공동체의 일원으로 살아가게 하옵소서. 예수님 이름으로 기도드립니다. 아멘.

돌아가는 지름길

마음이 조급한 젊은이에게

그러므로 내가 너희에게 이르노니 목숨을 위하여 무엇을 먹을까 무엇을 마실까 몸을 위하여 무엇을 입을까 염려하지 말라 목숨이 음식보다 중하지 아니하며 몸이 의복보다 중하지 아니하냐 공중의 새를 보라 심지도 않고 거두지도 않고 창고에 모아들이지도 아니하되 너희 하늘 아버지께서 기르시나니 너희는 이것들보다 귀하지 아니하냐 너희 중에 누가 염려함으로 그 키를 한 자라도 더할 수 있겠느냐 또 너희가 어찌 의복을 위하여 염려하느냐 들의 백합화가 어떻게 자라는가 생각하여 보라 수고도 아니하고 길쌈도 아니하느니라

마태복음 6:25-28

현대인은 모든 면에서 속도전에 내몰리고 있습니다. 예전 같으면 천천히 요리하고 먹을 음식도 빨리 만들고 먹어야 합니다. 과거 같으면 집이나 사무실에서만 받을 업무 전화도 길을 가다가도, 그리고 친구와 대화하는 곳에서도 받아야 합니다. 예전 같으면 여유 있게 걸어갈 수 있는 거리도 승용차로 급히 달려가야만 합니다. 과거 같으면 좋은 직장에 들어가기 위해 영어라는 한 가지 외국어를 배울 시간에 영어뿐 아니라 제2 외국어 한두 가지를 더 배워야 합니다.

빠른 자만이 원하는 것을 얻을 수 있다는 명제는 더 이상 의심할 여지가 없는 시대의 진리가 되어버렸습니다. 오늘과 같은 경쟁 사회에서 속도를 숭배하는 자는 인생의 승리자가 되지만 속

도전에서 이탈하는 사람은 인생의 낙오자가 되고 맙니다. 더욱이 경제의 세계화가 진행되며 1등만이 살아남을 수 있다는 경쟁 신화가 유포되면서 현대인의 삶의 속도를 더욱 빠르게 만들고 있습니다. 그래서 거의 모든 현대인은 늘 여유 없이 시간에 쫓기는 삶을 살아가고 있습니다.

늘 바쁘게 살아가는 것도 문제이지만 이보다 더 큰 문제는 대부분의 사람이 정신없이 달려가면서도 남에게 뒤처질까 불안해한다는 사실에 있습니다. 사람들이 이런 불안감을 느끼게 될 때 그들은 이전보다 자기 분야에서 선두 주자가 되기 위해 더욱 바삐 움직이게 됩니다. 그러나 지나치게 조급해지면 자기 자신에게나 주위 사람에게 적지 않은 피해를 주게 됩니다.

운전하는 사람이라면 차를 너무 빠르게 몰 때 속도 감각이 없어진다는 사실을 누구나 잘 알고 있습니다. 우리의 마음도 자동차와 흡사합니다. 우리가 지나치게 조급해하면 우리는 주변 상황과 사태에 대해 인식하고 판단하는 능력을 잃게 됩니다. 그래서 우리는 일을 그르치기 쉽습니다.

독일에서 유학하던 시절 독일 교회와 그리스도교 유적지를 둘러보기 위해 한국에서 오신 손님들을 안내한 적이 있었습니다. 그 당시 독일 지리에 어두운 저를 돕기 위해 한 독일 목사님이 동행해주셨습니다. 그런데 한국에서 오신 손님들은 가는 곳마다 "빨리 가자"라는 말을 연발하는 것이었습니다. 더 많은 곳을 방문하기 위해 대충 보고 빨리 다른 곳으로 이동해야 한다는 것이 그 이유였습니다.

저는 제대로 보시려면 속도를 늦춰야 한다고 조언했지만 그 손님들은 막무가내였습니다. 결국 저는 며칠 동안 수박 겉핥기식으로 안내하고 말았습니다. 한국 손님들을 보내고 동행했던 독일 목사님과 저녁 식사를 하게 되었는데 그 목사님이 "빨리 가자"라는 말이 무슨 뜻이냐고 물어오셨습니다. 한국어를 전혀 알아듣지 못하는 독일 목사님의 귀에 익도록 "빨리 갑시다"라는 말을 많이 했던 것입니다. 저는 그 말뜻을 독일어로 설명하면서 낯이 뜨거워졌습니다.

시험 감독을 들어가보면 대부분의 학생은 제한된 시험 시간 때문에 시험지를 받자마자 즉시 답을 써내려갑니다. 그러나 잠시 여유를 갖고 에세이의 기본 구도를 확정한 뒤에 답안을 작성하는 학생도 더러 보게 됩니다. 이 두 부류의 학생의 답안지를 채점해보면 곧장 답을 쓰기 시작하는 학생보다는 잠시나마 여유를 가지고 답안을 작성하는 학생이 더 좋은 성적을 얻는 것을 자주 경험하였습니다.

시간의 압박을 받으면서 지나치게 일을 서두르게 되면 염려하는 마음이 생기기 마련입니다. 시간에 쫓기게 될 때 우리는 어떤 일에 대해 분명하게 생각하고 정확하게 판단하기 어렵게 됩니다. 그렇게 되면 우리는 우리가 처리한 일의 결과를 걱정하게 되기 쉽습니다. 그래서 매사에 서두르게 되면 비교적 짧은 시간 안에 많은 일을 해나갈 수 있지만 정작 그 일의 결과에 대해 확신을 갖지 못하고 염려하기 쉽습니다.

그런데 우리는 무엇 때문에 그리도 정신없이 달려가면서 초조해하고 불안해하는 것일까요? 답은 간단합니다. 자기 분야에서 빨리 성공하기 위해서입니다. 그렇다면 왜 빨리 성공하려는 것일까요? 그 답도 간단합니다. 행복하기 위해서입니다. 행복한 삶을 위해 성공하려는 것이고, 성공하기 위해 주어진 시간을 쪼개고 쪼개 정신없이 빨리 일을 처리하는 것이며, 그리고 그 일의 결과를 초조하게 기다리기 때문에 불안해합니다.

하지만 이렇게 사는 인생이 과연 의미 있고 행복한 삶이라고 할 수 있겠습니까? 오늘 우리가 함께 읽은 《성서》 본문은 이런 물음에 대해 그렇지 않다고 말해줍니다.

인간의 염려는 상당 부분 먹고사는 문제에서 발생합니다. 이런 이유에서 예수께서는 우리 인간에게 무엇을 먹고 마실까, 그리고 무엇을 입을까 하는 문제에 대해 염려하지 말라고 말씀하십니다.

인간이 생존하는 데 필수적인 기본 요소는 의식주입니다. 입을 옷, 먹을 음식, 거주할 공간이 있어야 생존이 가능하다는 뜻이지요. 그런데 오늘의 말씀은 현대를 살아가는 우리에게 먹고 입고 자는 문제에 대해 지나치게 염려하지 말라고 권면합니다.

오늘의 《성서》 본문에서 흥미로운 점은 예수께서 공중의 새와

들의 백합꽃을 비유로 드셨다는 사실입니다. 먹고살기 위해 서두르고 조급해하는 인간을 향해 공중을 나는 새를 보라고 말씀하십니다. 남에게 뒤지지 않기 위해 화려한 옷을 입으려고 하는 뭇사람을 향해 들에 핀 백합꽃을 바라보라고 말씀하신 겁니다.

물론 이 말씀이 생존을 위해 아무런 노력도 하지 말라는 뜻은 아닙니다. 예수님은 일상생활이나 먹고사는 문제를 도외시한 이상주의자가 아니셨습니다. 예수님 자신도 공적 활동을 하기 전까지는 목수로서 생업에 충실하셨기 때문입니다. 그러므로 오늘 본문에서 예수께서 비판하시는 것은 생존을 위한 인간의 노력이 아니라 의식주 문제에 지나치게 집착하는 사람들의 염려와 불안이라고 하겠습니다.

저는 오늘의 《성서》 본문을 읽으면서 바쁜 일상 가운데 초조함과 불안함을 떨치지 못하고 살아가는 우리에게 이렇게 말씀하시는 예수님을 마음속으로 상상해보았습니다. "그래 너희가 생존을 위해, 그리고 남보다 더 출세하기 위해 노력하며 사는 것은 나도 인정한다. 그러나 그것만이 인생의 전부가 되면 너희 인생이 너무 비참해질 것이다. 너희 삶이 너무 불행해질 것이다. 그러니 너무 서두르지 말고 삶의 여유를 가지면서 생존의 문제, 먹고사는 문제를 상대화시켜보면 어떻겠느냐."

그렇습니다. 먹고사는 일에만 몰두하게 될 때 우리는 행복할 수 없습니다. 보다 거시적인 안목을 가지고 의식주의 문제를 상대화시킬 수 있을 때 우리는 마음의 여유를 가지게 되고 행복한 상태에 도달할 수 있을 것입니다.

최근 인간의 행복감에 대해 연구한 심리학자들의 연구 결과에 따르면 돈이나 멋진 외모가 행복에서 차지하는 비중은 10퍼센트 정도에 불과하다고 합니다. 특히 돈의 경우 돈이 많으면 많을수록 생활이 편해질 수는 있지만 그와 비례해서 행복해지지는 않는다고 합니다. 정작 사람에게 행복을 안겨주는 것은 돈이나 빼어난 외모가 아니라 마음의 여유나 유머 감각이라고 합니다.

또한 이들 심리학자에 의하면 평생 한두 번 느낄까 말까 하는 희열보다는 일상생활에서 자주 느끼는 작은 만족감이 행복 증진에 더 효과적이라고 합니다. 그래서 심리학자들은 행복을 작고 평범한 데서 찾으라고 권고합니다.

그렇습니다. 우리가 행복에 이르지 못하는 결정적인 이유는 시간에 의해 지배당하고 있기 때문입니다. 시간은 인간을 위해 창조된 것이 분명합니다. 그런데 현대에 와서 인간이 시간을 위해 존재하는 것처럼 그 관계가 전도되었습니다. 그래서 인간이 도리어 시간에 의해 지배를 당하고 시간에 쫓기게 된 것입니다. 바로 여기에 현대인의 불안과 불행의 뿌리가 있는 것입니다.

빠른 마음은 사람을 병들게 합니다. 조급한 마음은 인간을 황폐하게 만듭니다. 반면에 느린 마음은 사람을 건강하게 합니다. 여유 있는 마음은 인생을 풍요롭게 만듭니다. 그래서 우리의 마음이 질주하기를 그치고 침잠할 때, 도리어 우리는 무례하지 않고 친절하며, 이기적이지 않고 다정하게 되는 것입니다.

인생에 고속 도로나 지름길이 있다고 생각하십니까? 우리가 아무리 눈을 씻고 찾아보아도 인생의 지름길은 발견할 수 없습니다. 거시적인 관점에서 보면 인생의 지름길이란 인생의 가는 길과 그 길이가 거의 비슷합니다. 애당초 인생의 지름길은 존재하지 않기 때문입니다. 그러므로 우리 앞에 놓여 있는 길이란 모두 돌아가는 길입니다. 만일 인생의 지름길이 있다면 그것은 돌아가는 지름길일 뿐입니다. 따라서 우리 모두는 돌아갈 수밖에 없는 것입니다. 그러므로 너무 서두르거나 조바심을 낼 필요가 없습니다. 그럼에도 불구하고 너무 서두를 경우 자칫하면 자신에게 주어진 길을 다 가지 못하고 지쳐버려 중도에서 인생을 포기하게 될 위험이 있기 때문입니다.

혹여 무언가를 하지 않고 가만히 있으면 불안하십니까? 남들이 전공 분야나 외국어 분야에서 나보다 훨씬 앞서가는 것 같습니까? 그래서 남들은 모두 급행열차를 타고 달리는 것 같은데 나만 완행열차에 몸을 실은 것 같습니까? 남들은 다 지름길로 달리고 있는데 나만 돌아가는 것 같습니까? 그래서 마음이 조급해지십니까?

그럴 때일수록 마음의 속도를 늦추십시오. 마음의 질주를 멈추십시오. 예수께서 조언하신 것같이 가끔은 하늘을 나는 새도 올려다보십시오. 때로는 들로 나가 들판에 핀 꽃들도 바라보십시오.

어느 노랫말에도 있듯이 한 걸음 더 천천히 간다 해도 그리 늦는 것은 아니지 않습니까? 오늘은 잠깐 동안 멈춰 서서 밤하늘을 바라보는 것은 어떻겠습니까? 이 시간 하나님께서 속도와 불안에 지친 여러분의 몸과 마음을 쉴 만한 물가로 인도하시길 기원합니다.

좋으신 하나님, 보다 빠른 속도를 내기 위해 질주하는 사회에서 살아가는 저희에게 긍휼을 베풀어주옵소서. 비록 속도를 숭배하고 불안을 가중시키는 사회에서 살아가지만 저희로 서두르지 않고 초조해하지 않는 마음의 여유를 지니게 하옵소서. 친히 목자가 되시어 저희를 푸른 풀밭에 누이시어 영혼의 안식을 허락하옵소서. 예수님 이름으로 기도드립니다. 아멘.

낙관하는 믿음

새 학기를 맞이하는 젊은이에게

우리가 알거니와 하나님을 사랑하는 자 곧 그의 뜻대로 부르심을 입은 자들에게는 모든 것이 합력하여 선을 이루느니라

로마서 8:28

지난겨울 눈도 많이 오고, 날씨도 몹시 추웠는데 3월이 되니 따스한 햇살과 더불어 봄기운이 완연합니다. 겨울에는 대학 캠퍼스가 한산해서 다소 쓸쓸한 감이 있었습니다. 하지만 새내기를 맞이하고 개강을 하고 나니 캠퍼스에 활기가 넘쳐납니다.

곧 온 누리에 꽃 소식이 들려올 것입니다. 저는 벌써부터 목련, 개나리, 진달래가 만발한 동산이 기대됩니다. 하지만 봄꽃이 만발한 동산이 아무리 아름답다 해도 활기찬 젊은이의 웃음소리가 없으면 의미가 없습니다. 이 산하를 의미 있게 만드는 주체는 바로 젊은이입니다. 당당하고 열정적인 젊은이입니다.

그런데 어쩐지 3월의 젊은이들은 다소 조심스러워 보입니다. 이따금 위축돼 보이기도 합니다. 새로운 학기가 주는 중압감 때

문일까요?

　대학 캠퍼스에서 3월은 다시 시작하는 계절입니다. 매번 학기 초는 신선하면서도 이도 저도 아닌 어중간한 상태에 놓여 있습니다. 그래서 대학인은 불안할 수 있습니다. 새로운 과목을 수강하고, 새로운 과제를 접하게 되면서 드는 자연스러운 느낌일 것입니다. 방학과는 다른 생활 리듬으로 살아가야 하는 데서 오는 당혹감일 것입니다. 막연한 불안감이 엄습하기도 하고 회의와 소심함이 많이 찾아들기도 합니다. 이번 학기 정말 잘 지낼 수 있을까? 학기 수는 늘어만 가는데 막상 손에 쥔 결과물은 없는 것 같습니다. 어쩐지 모든 것이 늦어버린 것만 같고 길을 잘못 들어선 것 같은 느낌이 들 때도 있습니다. 모두 다 새 학기 증후군입니다.

　사랑하는 젊은이 여러분, 모든 시작이 그렇듯이 새내기에게는 대학 생활의 시작이, 재학생에게는 학기의 시작이 어려운 것입니다. 그래서 적응 기간이 필요합니다. 하지만 이런 시작의 때에 젊은이가 가슴 깊이 새겨 삶의 원동력으로 삼아야 할 것이 있다면, 그것은 미래에 대한 낙관일 것입니다.

　때론 근거 없는 낙관이 터무니없게 느껴질 수 있습니다. 그럼에도 미래를 낙관하는 것은 그 자체로 의미가 있습니다. 물론 아무 일도 안 하고 머릿속으로만 낙관적인 생각을 하자는 것은 아닙니다. 게으른 베짱이가 되는 것은 젊은이의 금기입니다. 미래에 대한 낙관은 우리 인생에 보이지 않는 거룩한 손길을 기대하는 삶의 태도입니다. 우리 삶에서 최선을 다하고 그 이후는 하나님께 맡긴다는 신앙의 결단입니다. 미래를 낙관하는 자세를 갖추려면 먼저 '내 삶에 최선을 다하리라'는 다짐을 해야 합니다. 그런 다음 내 삶을 하나님께 맡긴다는 신앙을 가져야 합니다. 낙관적 태도는 최선을 다하려는 노력과 삶을 하늘에 맡기는 믿음에서 나오는 것입니다. 오늘의《성서》본문에서 바울 사도는 하나님이 우리가 노력한 모든 것을 종합해서 선을 이루게 하실 것이라고 이야기하는데 바로 여기서 우리의 낙관이 비롯되는 것입니다. 이를 두고 동양에서도 진인사대천명盡人事待天命이라고 하지요.

우리 젊은이는 최선을 다해 열심히 살아야 합니다. 적극적으로 대학 생활을 해야 합니다. 대학은 여러분이 알고 있는 이상으로 많은 교육 프로그램을 제공하고 있습니다. 대학이 수업을 통해 지식을 공유하는 학문 공동체인 것은 분명하지만, 대학은 지식만을 제공하기 위해 존재하는 것은 아닙니다. 수업 외에도 많은 문화 행사와 학술 행사가 열립니다. 학술 행사에서 발표되는 논문들은 적어도 수년간 해당 주제에 전념한 학자가 그간의 연구 결과를 발표하는 것입니다. 여러분은 수년간 공들여 정리하고 해석한 전문적 연구 성과를 불과 한두 시간 내에 수용할 수 있는 기회를 얻게 되는 것입니다. 이런 기회를 통해 세상을 정확히 바라보는 눈과 사회 현상을 객관적으로 분석할 수 있는 이론적 도구를 획득하게 됩니다. 나아가 미래 사회를 전망하고 제대로 준비할 수 있는 기회를 제공받게 됩니다.

그런데 이런 기회가 일생 동안 항상 주어지는 것은 아닙니다. 대학 시절에만 주어지는 특권입니다. 여러분은 지적으로 가장 활발하게 활동할 수 있는 나이에 자신에게 주어진 기회를 선용하기 바랍니다. 대학 홈페이지에 올라와 있는 행사 안내를 부지런히 탐색하며 학술 잔치와 문화 행사가 열리는 곳들을 찾아다니기 바랍니다.

대학 시절은 그릇을 만드는 시기입니다. 세상의 보물이 아무리 많다고 해도 자기 그릇 분량만큼만 담을 수 있는 것입니다. 그래서 대학 시절 캠퍼스에 머무는 동안 자기 그릇을 크고 견고하게 만드는 일이 중요합니다. 학문적 깊이를 더하는 일과 문화적 소양을 키우는 일은 여러분의 그릇을 크고 단단하게 만들어줍니다. 학문을 통해 비판적 지성을 연마하고, 문화 향유를 통해 감성을 키우면서 지성과 감성을 통합한 전인적 지성인으로 거듭나기를 바랍니다.

《탈무드》에는 "현명한 사람은 모든 것으로부터 배운다"라는 경구가 있습니다. 젊은이 여러분은 캠퍼스 안에서 모든 것으로부터 배움을 얻는 현명한 사람이 되었으면 좋겠습니다.

적극적인 대학 생활은 또한 인간관계를 맺는 일에서도 계속되어야 합니다. 친구도 적극적으로 사귀십시오. 모든 일에는 정성이 필요합니다. 정성을 들인 만큼 보람도 얻는 법입니다. 인간관계에서도 마찬가지입니다. 지극정성으로 친구를 사귀어 함께 인생길을 걷는 것은 세상살이에서 큰 보물을 얻는 것입니다. 자기중심적이고 이기적이며 이해타산에 빠른 사람은 진정한 친구를 얻기 어렵습니다. 그저 어울려 다니는 무리 속에 끼어 있게 됩니다. 이런 형식적 만남보다는 자기 자신을 다 내주어도 아깝지 않은 진실한 친구 관계를 맺길 바랍니다. 깊은 우정을 나누는 친구는 두고두고 여러분의 인생을 비추어볼 맑은 거울입니다.

여러분은 선배 만나기에도 힘쓰길 바랍니다. 선배의 역할은 거듭 반복될 수 있는 시행착오를 줄여주는 것입니다. 선배의 축적된 지식과 삶의 경험들을 고스란히 여러분의 것으로 전수받아 그 위에 여러분의 삶을 펼쳐보십시오. 인생의 성취와 진보가 그만큼 수월해질 것입니다.

우리 대학에는 특별한 무엇이 많이 있다고 생각합니다. 그중에서도 특별히 자랑할 만한 것은 우리 선생님들의 제자 사랑이 아닐까 합니다. 우리 대학의 역사에는 특별한 제자 사랑을 보여주신 선생님이 많이 계셨습니다. 기숙 학교로 시작된 학교에 선생님들이 학생을 가르치고 전인적으로 보살피는 전통을 자연스레 가지게 되었으며, 이러한 전통은 오늘에도 계속되고 있습니다. 선생님은 안타까운 마음으로 여러분을 가르치고, 자랑스러운 마음으로 여러분을 향한 기대를 늦추지 않고 있습니다. 어려워 말고 찾아가서 조언을 구하고 지혜를 얻으십시오. 평생의 멘토가 되어줄 것입니다.

이렇게 적극적인 학교 생활을 영위해나가더라도 여러분에게 낙관하는 믿음이 생기지 않는다면, 여러분은 이곳 대강당을 자신에게 의미 있는 공간으로 만들어야 합니다. 채플이 개최되는 이 자리는 낙관하는 믿음을 샘솟게 하는 자리입니다. 채플이 거행되는 대강당은 여러분에게 낙관하는 믿음을 반복적이고 지속적으로 내면화시켜주는 공간입니다. 채플을 통해서 여러분은 늘 격려와 위로를 받게 될 것입니다.

대학에서 함께 모이는 시간은 여러분에게 대학 공동체의 일원이라는 소속감을 심어줄 것입니다. 현대인은 날로 파편화되어 개체적으로 존재하게 되면서 공동체 정신을 상실해가고 있습니다. 하지만 다행스럽게도 우리에게는 대학의 공동체 정신을 훈련할 채플이라는 장이 있습니다. 대학의 채플은 단순한 종교 행사가 아닙니다. 채플은 오랜 시간 동안 이어오는 학교의 전통이며, 젊은이의 내면에 깊이 각인되는 크리스천 대학의 혼입니다. 채플은 지혜롭고 맑은 삶의 이야기, 고난을 딛고 일어선 가슴 뭉클한 감동적인 성공담, 거룩하고 신비로운 그리스도교적 구원의 메시지를 통해 각박해진 우리 마음을 촉촉하게 적셔주고 정신의 주름에 끼인 먼지를 닦아주고 피폐한 영혼을 고양시켜줍니다.

채플은 젊은이에게 시간 준수를 훈련시킵니다. 옛 선생님들은 지도자가 지녀야 할 중요한 덕목의 하나로 시간 준수를 꼽으셨습니다. 이런 선생님의 뜻을 따라 채플은 정시에 시작합니다. 채플을 통해 우리는 시간 지키는 습관을 기르게 됩니다.

채플이 드려지는 이 건물은 젊은이에게는 큰 의의를 지닙니다. 대강당은 우리 학교가 6·25 전쟁 후 재정적으로 매우 어려운 시기에 처했을 때 지어졌습니다. 대강당은 학교 재정이 아무리 어렵더라도 젊은이가 함께 모일 공간이 필수적으로 요구된다는 옛 선생님들의 판단 아래 지어진 건물로서 단순한 건물 이상의 의미를 갖습니다. 함께 모인다는 것은 공동체의 중요성을 함축합니다.

이곳 대강당에 모인 젊은이들은 건물에 담긴 역사를 생각하며 각자가 대학에 소속된 일원이라는 사실을 깨닫기 바랍니다. 많은 선배가 거쳐 간 자리, 대학의 오랜 역사를 담고 있는 자리, 선배의 눈물 어린 기도와 간절한 부르짖음이 서린 자리. 바로 이 자리에 오늘의 우리가 있습니다.

앞으로도 이 자리는 역사적 의의를 머금은 채 계속 지속될 것입니다. 이 자리에서 우리 대학 공동체의 정신을 기억하며 힘과 용기를 얻길 바랍니다. 선배들이 해내었듯이 나도 우리도 잘 해낼 수 있으리라는 낙관하는 믿음을 회복했으면 좋겠습니다.

"모든 시작은 어렵다"는 독일 속담이 있습니다. 새로 시작하는 대학 생활이나 새 학기도 어렵습니다. 하지만 조바심은 내지 말기 바랍니다. 미래를 낙관하면서 잘 견뎌내길 바랍니다. 하나님께서 여러분의 모든 노력을 종합해서 선한 결실을 맺어주실 것입니다. 적극적으로 최선을 다해 살아가고 결과는 하나님께 맡기십시오. 감히 상상하지도 못한 삶을 살아가게 될 것입니다.

합력하여 선을 이루게 된다는 사실은 우리 대학의 역사가 증명해줍니다. 우리 학교는 볼드윈 부인이라는 한 미국 여성이 쌈짓돈 88불을 기부함으로써 시작되었습니다. 그 당시 아무도 그처럼 작은 물질이 이렇듯 큰 나무, 거대한 물줄기를 형성하리라고 예상하지 못했습니다. 선배들이 아무것도 없는 불모의 상황에서 오늘의 위대한 역사를 이루어왔듯이 여러분의 걸음 하나하나가 합력하여 선을 이루게 될 것입니다. 여러분의 노력 하나하나가 자랑스러운 역사로 아로새겨질 것입니다.

대학은 좌절을 제외한 모든 것이 가능한 배움터입니다. 그래서 젊은이에게 잘못 들어선 길은 없습니다. 온 하늘이 새의 길이듯이 대학 캠퍼스는 온통 젊은이의 길이기 때문입니다. 길을 잘못 들어섰다고 미리 짐작하면서 처음부터 실망하거나 포기하지 마시길 바랍니다. 어떤 처지나 형편 가운데서도 '모든 게 다 잘될 거야' 하는 낙관 속에 머물기 바랍니다.

새로 열린 시간이 우리 젊은이 모두에게 열정을 가지고 최선을 다하는 시간, 적극적으로 살아가는 시간, 과감하게 도전하는 시간이 되길 진심으로 기원합니다.

마음 다스리기

———

노하기를 더디하는 자는 용사보다 낫고 자기의 마음을 다스리는 자는 성을 빼앗는 자보다 나으니라

자기의 마음을 제어하지 아니하는 자는 성읍이 무너지고 성벽이 없는 것과 같으니라

잠언 16:32, 25:28

———

새로운 시작의 문턱에서 젊은이들은 한편으로는 나의 앞날이 어떻게 펼쳐질까 하는 생각으로 마음이 설레고, 다른 한편으로는 내 시간을 성공적으로 보낼 수 있을까 하는 생각으로 긴장하고 있습니다. 보다 정확히 말하면 설레는 마음보다는 불안한 마음이 더 지배적일 것입니다.

새로운 시작 단계에서 젊은이 여러분이 평정심을 갖지 못하는 것은 자연스러운 현상입니다. 초인이 아닌 다음에야 새로 전개되는 상황 앞에서 긴장하지 않는 사람이 어디 있겠습니까? 그런데 문제는 이런 긴장감이나 불안감이 오랫동안 지속되고 그 정도가 심해지는 경우이겠습니다. 그럴 경우 여러분은 저 같은 선생을 비롯하여 주위의 상담자를 찾게 됩니다.

자신의 문제에 대해 상담자와 이야기를 나누면 그 당시에는 마음이 안정되고 생각이 정리될 수 있습니다. 그러나 상담이 끝나면 얼마 지나지 않아 다시 마음이 불안해지면서 평정심을 잃기 쉽습니다. 이런 과정이 반복되면서 우리는 마음을 다스려 평정한 상태에 도달하는 것은 나 자신 이외에 다른 사람이 대신해줄 수 없다는 결론에 도달하게 됩니다.

이런 제 얘기를 들으시면서 여러분 가운데는 난데없이 웬 마음의 문제를 제기하느냐고 반문하는 젊은이가 있을 것입니다. 이런 분은 제가 젊은이가 겪고 있는 그리 대수롭지 않고 사소한 문제를 너무 과장하고 확대해서 해석한다고 생각할지도 모르겠습니다.

그러나 자신의 내면 문제와 보다 진지하고 솔직하게 대결하다 보면 우리 모두는 정도의 차이는 있을지 모르지만 인생의 적지 않은 시간 동안 불편한 마음으로 인해 고통당해왔음을 시인하지 않을 수 없습니다. 이런 의미에서 우리는 마음을 다스려 평정한 상태에 도달하는 일이 인생의 매우 중대한 과제라고 할 수 있습니다.

오늘 우리가 함께 읽은 《성서》 본문은 〈잠언서〉라는 책에 속해 있습니다. 《성서》에 나오는 다른 책과 비교해볼 때 〈잠언서〉는 종교적인 성향이 강하지 않습니다. 대신 〈잠언서〉는 삶을 살아가는 보편적이고 일반적인 교훈을 많이 담고 있습니다. 그래서 그리스도교 신앙을 갖고 있든 혹은 그렇지 않든 간에 인생을 의미 있게 살아가려는 사람에게 〈잠언서〉는 훌륭한 지침서가 된다고 생각합니다.

이렇게 삶에 대한 깊은 지혜를 담고 있는 잠언서 역시 인생을 살아가는 데 마음의 평정이 매우 중요하다는 사실을 강조하고 있습니다. 그런데 오늘의 〈잠언서〉 본문을 보면 마음을 다스릴 수 있는 사람은 용사나 성을 빼앗는 자보다 더 낫다고 합니다. 반면에 마음을 다스리지 못하는 것은 적을 방어하는 성이 무너진 상태와 같다는 것입니다. 이 두 구절을 종합해보면 마음을 제대로 다스리는 것이 의미 있고 건강한 삶의 첩경이라는 결론이 나오게 됩니다.

두루 아시는 바와 같이 우리 인간들의 마음을 평정의 상태에 도달하지 못하게 하는 것은 불안감 혹은 걱정이라고 할 수 있습니다. 그런데 심리학자들의 연구 결과에 따르면, 우리들이 걱정하는 내용의 40퍼센트는 발생하지도 않을 일에 대한 걱정이고, 30퍼센트는 이미 지나가버린 일에 대한 걱정이며, 12퍼센트는 타인의 시선에 대한 걱정이고, 8퍼센트는 자기 건강에 대한 걱정이라고 합니다. 그래서 분명한 이유가 있는 걱정은 불과 10퍼센트에 해당한다는 것입니다. 이런 통계 수치를 보면 우리가 일상에서 하고 있는 걱정의 대부분은 근거 없는 걱정 혹은 쓸데없는 걱정, 곧 기우라는 사실을 확인할 수 있습니다.

아프리카에 서식하는 독수리의 일종인 뱀잡이수리라는 새가 있습니다. 그 새는 하늘 높이 날다가 먹이를 발견하게 되면 쏜살같이 내려가 먹이를 낚아채는 매우 민첩한 새입니다. 그런데 이런 하늘의 날쌘 새가 땅에 내려와 먹이를 먹고 있을 때에 갑자기 사자나 표범과 같은 맹수의 습격을 받게 되면 예외 없이 잡혀 먹히고 만다고 합니다. 그 이유는 맹수가 공격을 하는 순간 당황한 나머지 날지 않고 혼신의 힘을 다해 뛰기 때문이라고 합니다. 공격을 당하는 순간 너무도 당황한 나머지 자신이 하늘로 날아오를 수 있다는 사실을 잊기 때문입니다.

여러분은 이런 뱀잡이수리가 느낀 당혹감이나 걱정에 분명한 이유가 있다고 생각하십니까? 조금만 곰곰이 생각해보면 이 새에게 생긴 걱정은 이유 없는 괜한 것이라고 할 수 있습니다. 뱀잡이수리는 어떤 짐승보다 빨리 날아갈 능력이 있습니다. 그럼에도 겉보기에 크고 사나운 짐승을 만나면 자신이 날 수 있다는 너무도 자명한 사실을 잊어버리기 때문에 불안해지는 것입니다. 만일 이 뱀잡이수리가 평상시처럼 자신이 빠르게 날 수 있다는 사실만 잊지 않는다면 이 새는 어떤 불안감도 없을 것이고 실제로 맹수에게 잡혀 먹힐 일도 없을 것입니다.

그러므로 우리는 마음속에 걱정이 일게 되어 평정심을 잃게 되는 경우 먼저 현재의 걱정이 분명한 근거나 뚜렷한 이유가 있는 것인지를 스스로 물어야 할 것입니다. 그래서 일어나지도 않을 일이나 이미 지나간 일 혹은 타인의 시선에 대한 걱정이라면 곧

바로 잊어버리는 연습을 해야 할 것입니다.

진짜 문제는 전체 걱정의 10퍼센트를 차지한다는 그럴 만한 근거가 있는 걱정에 어떻게 대처해야 하는가입니다. 만일 자신의 부모님이나 형제자매가 불치의 병에 걸렸다면 걱정이나 근심으로부터 완전히 벗어날 수 있는 사람이 얼마나 되겠습니까? 만일 그런 경우에도 아무런 근심이나 걱정이 없는 사람이라면, 아마도 그는 뛰어난 성인이거나 아니면 정신병자일 것입니다. 그렇다면 우리가 명확한 이유나 근거 있는 걱정에 사로잡히게 될 때 어떻게 대응해야 하겠습니까?

옛날 어떤 왕이 궁중의 한 보석 세공인을 불러 명령을 내렸습니다. "나를 위하여 반지 하나를 만들되 거기에 내가 매우 큰 승리를 거둬 그 기쁨을 억제하지 못할 때 내 마음을 조절할 수 있는 글귀를 새겨 넣어라. 한 가지 더, 그 글귀는 내가 절망에 빠져 있을 때는 나를 이끌어낼 수 있어야 하느니라." 보석 세공인은 명령대로 곧 매우 아름다운 반지 하나를 만들었습니다. 그러나 적당한 글귀가 생각나지 않아 전전긍긍하고 있었습니다.

그러던 어느 날 그 세공인은 지혜로운 사람을 찾아갔습니다. 지혜자에게 도움을 구하기 위해서였습니다. "왕의 황홀한 기쁨을 절제해주고 동시에 그가 낙담했을 때 북돋워드리기 위해서는 도대체 어떤 말을 써 넣어야 할까요?" 지혜로운 사람이 대답하였습니다. "이런 말을 써 넣으시오. '이것 역시 곧 지나가리라.' 왕이 승리의 순간에 이것을 보면 곧 자만심이 가라앉게 될 것이고 그가 낙심 중에 그것을 보게 되면 이내 표정이 밝아질 것입니다."

이 이야기는 오늘날 우리가 인생을 살아가는 데에도 중요한 지혜를 줍니다. 즉 모든 인생의 과정은 영원하지 않다는 사실을 인식하는 것이 마음을 다스리는 방법이라는 것입니다. 우리의 모든 걱정거리가 시간이 흐르면 지나가버리는 것임을 알 때, 우리는 근심으로부터 벗어나 마음의 안정을 되찾을 수 있고 무력감에서 벗어날 수 있습니다.

새로운 시작 앞에서 여러분은 어떤 걱정에 사로잡혀 있습니까? 학점 취득 때문에, 외국어 구사 능력 때문에, 취직 문제 때문에, 이성 친구와의 관계 때문에, 재정적인 어려움 때문에 불안하고 초조하십니까? 만일 그러시다면 여러분은 먼저 여러분의 현재 능력을 확인해보셔야 할 것입니다. 그러면 여러분에게 닥쳐오는 불안이나 공포는 대부분의 경우 여러분이 지닌 능력으로 능히 해소할 수 있는 것이라는 사실을 자각할 수 있을 것입니다. 결국 여러분에게 일고 있는 걱정의 대부분은 근거 없는 기우에 불과하다는 사실을 기억해야 합니다.

참고로 이런 사실을 상기해보아도 불안감이나 걱정이 가시지 않을 경우 마음을 다스리는 데 실질적으로 도움을 받을 수 있는 십계명을 소개해드리겠습니다.

첫째, 운동하라. 1주일에 3회, 30분 정도 운동을 해라. 둘째, 좋았던 일을 떠올려라. 하루를 마무리할 때마다 감사해야 할 일을 다섯 가지 생각하라. 셋째, 대화하라. 매주 한 시간 가장 친한 사람들과 얘기를 나눠라. 넷째, 식물을 가꿔라. 아주 작은 화분도 괜찮다. 단지 죽이지만 말아라. 다섯째, 텔레비전 시청 시간을 반으로 줄여라. 여섯째, 미소 지어라. 적어도 하루에 한 번은 낯선 사람에게 미소를 짓거나 인사하라. 일곱째, 친구에게 전화하라. 오랫동안 소원했던 친구나 지인에게 연락해서 만날 약속을 잡아라. 여덟째, 하루에 한 번 유쾌하게 웃어라. 아홉째, 매일 자신에게 작은 선물을 하라. 그리고 그 선물을 즐기는 시간을 가져라. 열째, 매일 누군가에게 친절을 베풀어라.

그런데 만일 우리의 걱정이 분명한 이유가 있는 걱정거리일 경우 우리는 가능한 한 마음을 느긋하게 갖고 지금 나를 걱정하게 만드는 이 일 역시 멈춰 있는 것이 아니라 시간이 흐르면 다 지나가버린다는 사실을 상기해야 할 것입니다. 그런 생의 자명한 진리를 지속적으로 상기할 때 우리는 평정심에 다가갈 수 있을 것입니다.

얼마 전 영국의 구족화가이자 사진작가인 앨리슨 래퍼Alison Lapper가 방한한 적이 있습니다. 그녀는 양팔이 없고 다리만 몸 끝에 붙어 있는 채로 태어났습니다. 그럼에도 그녀는 스스로를 현대의 비너스라고 칭하면서 장애를 긍정적으로 받아들이고 있습니다. 이런 래퍼 여사가 방한 중에 기자 회견을 하는 자리에서 이렇게 이야기했다고 합니다. "나는 장애인으로서의 지금이 행복하다. 시련이 오더라도 끝이 있다고 생각하면 견디기 쉽다."

그렇습니다. 우리에게 새로운 근심거리가 생겼더라도 그것이 세월과 함께 흘러간다는 사실을 깨달을 때 그 근심거리는 우리를 괴롭히지 못할 것입니다. 보다 냉정히 생각해보면 근심거리가 생겼을 경우 걱정한다고 그것이 빨리 해결될 수는 없습니다.《성서》에도 나와 있듯이 어느 누가 걱정한다고 해서 제 수명을 한순간인들 늘릴 수 있겠습니까? 따라서 우리는 아무리 큰 걱정거리라고 하더라도 흐르는 세월 앞에서는 아무것도 아니라는 생의 진리를 부여잡을 수 있어야 합니다.

여러분 모두는 해야 할 과제로 머리가 복잡하실 것입니다. 전공 공부도 해야 하고, 외국어 능력도 향상시켜야 하고, 취업 정보도 수집해야 하고, 친구도 만나야 하고, 집안일도 거들어야 하고, 아르바이트도 해야 하고……. 여러분 앞에 해결해야 할 과제가 산적해 있을 것입니다. 그러나 이런 분주한 일상생활 속에서 우리가 건강하고 통합된 인격을 구비하기 위해서는 무엇보다도 마음의 평정에 이를 수 있는 능력이 필수적이라는 사실을 깨달아야 할 것입니다. 더 나아가 이런 평정 상태에 도달할 수 있도록 마음을 제어할 수 있는 능력을 갖추기 위해 부단한 노력을 기울여야 할 것입니다.

마음 다스리기. 내내 이 화두를 놓치지 않는 젊은이 여러분이 되었으면 하는 바람을 가져봅니다.

평안의 하나님, 자주 불안해하고 근심 걱정에 싸여 있는 저희 젊은이들을 돌아보시어 저희에게 주님의 평안을 허락해주옵소서. 예수님 이름으로 기도드립니다. 아멘.

성
찰

말의 가시

말이 가벼운 젊은이에게

옛 사람에게 말한 바 살인하지 말라 누구든지 살인하면 심판을 받게 되리라 하였다는 것을 너희가 들었으나 나는 너희에게 이르노니 형제에게 노하는 자마다 심판을 받게 되고 형제를 대하여 라가라 하는 자는 공회에 잡혀가게 되고 미련한 놈이라 하는 자는 지옥 불에 들어가게 되리라

마태복음 5:21-22

영화 〈올드보이〉를 아십니까? 〈올드보이〉는 역사와 전통을 자랑하는 한 해외 영화제에서 상을 받아 세간에 널리 알려진 영화입니다. 여러분 가운데 많은 분이 그 내용을 잘 알고 계시겠지만 이해를 돕기 위해 〈올드보이〉의 줄거리를 잠깐 이야기해보겠습니다.

이 영화의 주인공은 '오늘도 대충 수습하며 산다'라고 자신의 이름을 풀이하는 평범한 직장인 오대수라는 인물입니다. 그는 영문도 모른 채 15년간 사설 감방에 갇혀 있다가 풀려나게 됩니다. 석방된 오대수는 자신이 그토록 오랜 세월 동안 갇혀 살게 된 이유를 캐기 위해 동분서주하는데, 이 영화는 그 이유를 알게 되는 과정을 그리고 있습니다.

많은 영화 평론가에 따르면 〈올드보이〉는 인간의 죄를 주제로 한 영화라고 합니다. 실제로 이 영화에서는 근친 간의 사랑을 다루며 그것이 죄인지 아닌지를 묻고 있습니다. 그러나 저는 이 영화의 핵심 주제가 근친 간의 사랑이 지닌 죄성이 아니라 '인간의 말이 지닌 마성'이 아니겠느냐는 생각을 해보았습니다.

냉혈적이고, 잔인하기에 관객의 등골을 오싹하게 만든 극 중 인물 이우진은 오대수를 그야말로 자기 마음대로 가지고 놀며, 오대수의 인생을 송두리째 파괴합니다. 그리고 이우진은 오대수가 뒤늦게 찾아가던 새로운 사랑이 바로 오대수의 친딸이라는 사실을 밝히면서 오대수를 철저하게 기만하고 맙니다.

이우진이란 인물을 보면 그는 꼭 오대수를 벌주기 위해 존재하는 인물 같아 보입니다. 이우진은 평생을 바쳐 오대수에게 복수하고 그 복수가 이루어진 순간 자살로 생을 마감하는 비극적 인물입니다.

이우진이 이렇게 사악한 인간이 되어버린 이유는 그가 고교 시절 친누나와 사랑에 빠졌고, 이 사실이 발각되어 소문이 났기 때문입니다. 이우진과 그의 친누나의 애정 행각은 두 사람 주변에 일파만파로 번지고 맙니다. 결국 이우진의 누나는 심리적 고통을 이기지 못해 강물에 몸을 던졌고 이우진은 누나의 자살을 방조했다는 죄책감에 시달리게 됩니다.

그런데 이런 이우진이 오대수를 복수의 대상으로 지목한 이유는 무엇일까? 그 이유는 영화의 마지막에 나오는 이우진의 대사를 통하여 밝혀집니다. 이우진은 오대수를 향하여 이렇게 말합니다. "내 누나를 임신시킨 것은 나 이우진이 아니고 너 오대수의 혀였다"고 말입니다.

오대수는 이우진과 그의 누나의 사랑을 목격한 사실을 무심결에 "아무에게도 이야기하지 말라"라는 당부와 함께 다른 친구에게 전했던 것입니다. 오대수는 그 후 이 일을 까맣게 잊어버렸습니다. 오대수는 한 번도 자신이 이우진과 그의 누나의 애정 행각에 관해 친구에게 말했다는 사실을 기억하지 못했습니다. 오대수는 15년간 감방에 갇혀 지내며, 자신이 갇힌 이유를 알기 위해 지금껏 살면서 저지른 악행들을 기억하며 노트에 기록하였습니다. 그러나 그는 자신의 혀 놀림이 그런 어마어마한 사건을 일으켰으리라고는 상상조차 하지 못했습니다.

그러나 오대수의 말의 피해자였던 이우진과 그의 누나는 달랐습니다. 결국 이우진의 누나는 자살을 선택하였습니다. 그리고 이우진은 자신과 누이에게 커다란 상처를 입힌 오대수를 파멸시키고 말겠다는 복수심만을 키우게 되었던 것입니다. 결국 이우진은 오대수의 혀를 제물로 받아내고 맙니다.

이 영화는 기량 있는 배우들의 열연으로 보는 이들의 넋을 잃게 만들었습니다. 저는 이 영화를 보고 난 후에 한동안 섬뜩함을 뇌리에서 지울 수 없었습니다. 그 이유는 영화 속의 오대수가 남이 아니라는 생각 때문이었습니다. 오늘도 대충 하루를 수습하며 살아가는 지극히 평범한 오대수의 모습과 제 자신의 모습이 오버랩되면서 저는 한동안 강도 높은 자아 반성의 시간을 갖게 되었습니다.

오늘 우리가 함께 읽은 〈마태복음〉 5장 21절과 22절에서 예수께서는 이렇게 말씀하십니다. "옛 사람에게 말한 바 살인하지 말라 누구든지 살인하면 심판을 받게 되리라 하였다는 것을 너희가 들었으나 나는 너희에게 이르노니 형제에게 노하는 자마다 심판을 받게 되고 형제를 대하여 라가라 하는 자는 공회에 잡혀가게 되고 미련한 놈이라 하는 자는 지옥 불에 들어가게 되리라"

여기서 '라가'라는 말은 이스라엘 사람이 흔히 사용하는 그리 심하지 않은 욕설이라고 합니다. 이해를 돕기 위해 우리말로 번역해본다면 라가는 '바보' 혹은 '멍청이'에 해당한다고 할 수 있습니다.

유대교의 율법에 따르면 한 인간이 다른 인간에게 계획적으로 폭력을 휘둘러 생명을 짓밟고 파괴하는 행위는 하나님의 심판을 면치 못한다고 합니다. 그런데 예수님은 여기서 한 단계 더 나아가십니다. 예수님은 유대교의 율법에서 언급하는 폭력적인 생명 파괴를 넘어서 악한 생각이나 악한 언행까지도 살인 행위로 간주하십니다. 예수님의 이런 입장은 사람의 입에서 나오는 말이 다른 사람을 실제로 살인하는 것만큼이나 치명적인 범죄가 될 수 있다는 사실을 잘 일깨워주고 있습니다.

분노에 찬 언어는 그것을 듣는 상대방에게 커다란 상처를 안겨줄 수 있습니다. 때로는 회복이 불가능할 정도의 정신적 피해를 입힐 수도 있습니다. 욕설이나 저주하는 말 혹은 원망하는 말도 그렇습니다.

그런데 우리가 주의해야 할 점은 분노에서 비롯되지 않은 언어 또한 다른 사람에게 피해를 주고 상처를 입힐 수 있다는 사실입니다. 무심코 던진 말 한마디가 상대방에게는 씻을 수 없는 상처의 씨앗이 될 수도 있습니다.

요즘 사람은 말장난을 즐깁니다. 이런 사실은 텔레비전의 오락 프로그램에서 분명하게 확인할 수 있습니다. 오락 프로그램의 생명은 재미에 있습니다. 그런데 요즘 TV에 방영되고 있는 오락 프로그램이 시청자의 재미를 얻기 위해 사용하는 말의 방식에 문제가 있습니다. 출연자의 신체적인 조건을 비하하는 말을 한다든지, 다른 사람을 무안하게 만든다든지, 진솔함을 가장하여 상대방의 약점을 노출하는 말을 내뱉으면서 재미를 만들어내기 때문입니다.

말의 가시는 TV 오락 프로그램에서만 발견되는 것은 아닙니다. 인터넷상에서도 거친 말이 쉼 없이 쏟아지고 있습니다. 각종 게시판이라는 곳은 때로 욕하고, 저주하고, 희롱하며, 인권을 침해하는 말로 도배가 되고 있습니다. 자신의 정체를 드러내지 않은 채 상대방에게 상처와 모멸감을 주고 있습니다. 생각 없이 내뱉은 말이 다른 사람에게 얼마나 큰 상흔을 남길 수 있는지를 생각해보지 않은 채 말입니다.

만일 어떤 사람이 자기가 건넬 말이 듣는 사람에게 어떤 상처를 줄 수 있는가를 곰곰이 생각한 후에 거친 말을 쏟아내었다면, 그 사람은 말을 통해 다른 사람에게 상처를 주는 것을 의도했다고 할 수 있습니다. 그런데 때로는 의도하지 않으면서 말을 통해 남에게 상처를 남기는 경우도 적지 않습니다. 악의 없이 무심코 내뱉은 말도 남의 가슴에 씻을 수 없는 상처를 남길 수 있습니다. 영화 〈올드보이〉에서 오대수와 이우진의 경우처럼 말입니다.

지금까지의 삶을 되돌아보면 우리는 직접적으로든 혹은 간접적으로든 간에 다른 사람을 흉보고 비웃은 적이 얼마나 많았는지 모릅니다. 어떤 때는 확실한 근거도 없이 남의 말을 오해하기도 하고 곡해하기도 하였습니다. 우리의 바르지 못한 언어 습관으로 우리 이웃들이 적지 않은 정신적 상처와 심리적 피해를 입기도 하였습니다.

신약 성서 안에는 〈야고보서〉라는 서신이 있습니다. 〈야고보서〉는 신중하지 못한 언어 습관을 가진 우리 인간들에게 이렇게 경고합니다. "사람의 혀는 불과 같아서 굉장히 큰 숲을 태울 수 있습니다. 그리고 사람의 혀는 누구도 길들일 수가 없어서 자칫 죽음에 이르는 독이 될 수 있습니다."

말에는 가시가 있습니다. 그래서 말은 신중히 사용해야 합니다. 그렇지 않으면 내가 뱉은 말의 가시가 다른 사람을 찌르게 됩니다.

이 시간, 알게 모르게 함부로 내뱉은 말이 다른 사람의 마음을 아프게 하지는 않았는지 진지하게 반성해봅시다. 한 번 쏟아내면 다시 주어 담을 수 없는 말. 이제는 우리의 말이 주변 사람을 아프게 하고 파멸시키는 것이 아니라 그들을 낫게 하고 회생시키는 말이 되었으면 좋겠습니다. 이제는 우리의 언어가 우리 이웃들을 좌절로 몰아넣는 것이 아니라 희망의 씨앗을 심어주는 언어가 되었으면 좋겠습니다.

사랑의 하나님, 이웃과 친구에게 사려 깊지 못하고 경솔했던 저희의 언어 습관을 되돌아봅니다. 용서하여 주시고 저희의 언어가 비방과 경멸의 언어가 아닌, 사랑과 격려의 언어가 되게 하여 주옵소서. 저희로 다른 이에게 용기와 희망의 말을 건네는 자가 되게 하여 주옵소서. 예수님 이름으로 기도드립니다. 아멘.

불편함의 유익

모든 것이 귀찮은 젊은이에게

———

성전의 일을 하는 이들은 성전에서 나는 것을 먹으며 제단에서 섬기는 이들은 제단과 함께 나누는 것을 너희가 알지 못하느냐 이와 같이 주께서도 복음 전하는 자들이 복음으로 말미암아 살리라 명하셨느니라 그러나 내가 이것을 하나도 쓰지 아니하였고 또 이 말을 쓰는 것은 내게 이같이 하여 달라는 것이 아니라

고린도전서 9:13-15a

———

과학 기술의 발전은 우리 인류에게 엄청난 편리함을 안겨다 주고 있습니다. 그에 따라 우리 현대인은 빠른 속도로 편리함에 익숙해지고 있습니다. 특히 신세대의 경우는 더더욱 그러합니다.

과거 세대와 지금 세대를 비교해보면 지금 세대가 과거 세대보다 '귀찮다', '불편하다'라는 말을 훨씬 빈번하게 사용하고 있다는 사실을 감지할 수 있습니다. 오늘을 살아가는 현대인 모두에게 불편함은 삶의 고통이고 생의 불행을 의미합니다. 그래서 우리는 어떻게 하면 삶을 좀 더 편리하고 편안하게 살 수 있을까 하는 문제에 골몰하고 있습니다.

집을 이사할 때 우리는 이삿짐을 정리하면서 많은 집기와 가전제품을 정리합니다. 그래서 새집으로 이사한 직후에는 살림살이

가 그리 많지 않아 집 안이 깔끔하게 정리됩니다. 그러나 시간이 흐르게 되면 점차 살림살이가 다시 늘어나 집 안 곳곳에 짐이 쌓여가게 됩니다. 생활의 편리함을 추구하면서 이것저것을 사들인 결과이겠습니다. 이런 편리의 시대를 살아가면서 우리는 가능한 한 불편함과 멀어지려고 하고 그 결과 불편함이 지닌 가치를 무시하게 됩니다.

그러나 곰곰이 생각해보면 불편함은 우리의 정신을 깨어 있게 하고 우리의 의식을 살아 있게 만드는 자극제가 될 수 있습니다. 그래서 우리 신앙의 선배들은 고행을 자원하였던 것입니다. 또한 동양의 현자들도 불편함과 친해지는 것을 중요한 수양 덕목으로 여겼던 것입니다.

중국의 고전《서경》을 보면 군자는 무일에 처해 있어야 한다는 주장이 나옵니다. 여기서 무란 '아닐 무無'를 말하고 일은 '편할 일逸'을 가리킵니다. 따라서 무일이란 문자 그대로 편하지 않은 상태를 의미합니다. 이렇게 보면 군자가 무일에 처해 있어야 한다는《서경》의 주장은 군자란 본디 편안하지 않음에 처해 있어야 한다는 말이 되겠습니다.

오늘 우리가 함께 읽은《성서》본문도 편리함과 안일함에 빠진 우리에게 무일의 메시지를 전하고 있습니다. 본문의 화자인 바울은 초기 그리스도교의 탁월한 전도자였습니다. 그런 그가 교회를 위해서라면 자신이 전도자로서 누릴 수 있는 권리를 포기하겠노라고 선언하고 있습니다.

전도자의 권리란 그리스도교를 전파하는 사람이 자신의 생계를 위하여 교회로부터 재정적인 부양을 받을 수 있는 권리를 의미합니다. 초기 그리스도교에서 전도자는 교회에 의해 부양받을 수 있는 권리를 갖고 있었습니다. 그럼에도 불구하고 바울은 이 부양받을 수 있는 권리를 거절했던 것입니다.

바울은 천막을 만드는 일에 종사하면서 자신의 생계를 유지하였습니다. 바울은 평일에는 천막을 만들고 주일이 되면 복음을 증거하였던 것입니다.

그런데 여기서 중요한 사실은 바울이 사도적 권리를 포기한 것이 외부로부터의 강제에 의한 것이 아니라 자신의 자유로운 결정에 의한 것이라는 점입니다. 우리는 바울이 사도로서 누릴 수 있는 편안함을 벗어던지고 불편함을 스스로 원했다는 점에 주목해야 합니다.

그렇다면 바울이 무엇 때문에 무일에 처해 있으려고 노력했겠습니까? 오늘 우리가 읽은《성서》본문 전후를 꼼꼼히 읽어보면 우리는 바울이 무일에 처하기 위해 몸부림친 이유가 자신의 몸을 쳐 스스로를 각성시키기 위함임을 알 수 있습니다.

그러므로 전도자로서 가장 신경 써야 할 부분은 복음 전파에 불리한 외부적인 조건을 극복하는 것은 아닙니다. 전도자가 정말로 조심해야 할 사항은 매너리즘의 극복입니다. 상투적이고 기계적인 선교 생활을 끊임없이 비판하고 극복하는 것이 전도자의 핵심 요건이라는 말씀입니다.

남에게 그리스도의 복음을 전하다가 막상 전도자 자신은 복음의 핵심 진리로부터 멀어져갈 수 있습니다. 바울은 이런 사실을 철저하게 인식하면서 두려워합니다. 그래서 그는 이런 역설적인 비극이 자기에게 일어나지 않도록 자기 훈련과 절제에 주력하겠노라고 결단하고 있습니다. 이런 결단 아래 바울은 전도자의 권리를 포기하고 무일에 처하기를 자원했던 것입니다.

오늘의 《성서》 본문을 통해 사도 바울은 우리에게 깨어 있는 삶, 깨어 있는 신앙을 강조하고 있습니다. 바울 선생은 우리 현대인을 향해 깨어 있지 않고 세상의 조류에 휘둘려 사는 것이 옳지 않다는 사실을 몸으로 증언하고 있습니다. 상투적이고 식상한 매너리즘에 빠져 있는 우리 현대인을 구체적인 실천을 통해 비판하고 있는 것입니다. 더 나아가 우리가 이런 삶에 대한 매너리즘적 태도를 극복하고 깨어 있는 정신으로 나아가기 위해 불편함과 친해져야 함을 강조하고 있습니다.

그렇습니다. 깨어 있는 정신을 소유하기 위해서는 우리 자신을 무일에 던져야 합니다. 안락함, 편안함, 풍요로움 속에서는 결코 생동감이나 활력이 나올 수 없습니다. 생동감이나 활력은 불편함, 고생스러움, 결핍감을 통해서만 얻어질 수 있는 것입니다.

노르웨이 어부는 바다에서 잡은 정어리를 살아 있는 채로 신선하게 육지까지 운반하기 위해서 정어리 저장 탱크 속에 정어리의 천적인 메기를 넣는다고 합니다. 정어리가 살아 펄떡거리게 하기 위해서는 천적인 메기를 통해 정어리에게 불편함을 주어야만 하기 때문이랍니다.

생각해보면 어찌 정어리만 그렇겠습니까? 우리 젊은이들도 마찬가지 아니겠습니까? 살아 펄떡거리는 역동적인 삶의 자세를 소유하기 위해서는 우리도 스스로 무일에 처할 줄 알아야 하지 않겠습니까? 그런데 이 채플에 참석하고 있는 여러분은 어떠합니까? 사도 바울처럼 무일에 처하기를 힘쓰고 계십니까? 아니면 어떻게 하면 귀찮은 일을 피하면서 편안하게 살아갈 수 있을까만을 고민하고 계십니까?

사회적으로 존경을 받는 어떤 학자에게 한 후배가 찾아와 자기가 설립한 건설 회사의 이름을 지어달라고 부탁했다고 합니다. 그래서 이 학자는 《서경》에 나오는 무일이란 이름을 소개하였다고 합니다. 그 학자는 불편함을 참아내면서 열심히 일하라는 의미로 무일이란 이름을 제안했는데 그 후배는 그 이름을 한마디로 거절하였다고 합니다. 건설 회사가 일이 없으면 안 된다는 것이 그 이유였다고 하지요.

그 학자가 이야기하는 무일이 물론 일이 없다는 뜻은 아니지만 어감상 그럴 수 있다는 점에서 우리는 무일이란 회사명을 거절했던 그 건설 회사 사장의 마음을 헤아릴 수 있습니다. 그럼에도 우리가 이야기를 들으면서 쓸쓸해하는 것은 무일이란 의미에 대해 아무런 공감을 느끼지 못하는 오늘의 세태 때문일 것입니다.

오늘을 살아가는 현대인에게 불편은 생활하는 데 아무 쓸데없는 거침돌에 불과합니다. 불편하다는 것은 곧 불행을 뜻하며 무의미한 것으로 이해되고 있습니다. 그래서 현대인에게는 불편하게 만드는 모든 것이 극복의 대상일 뿐 우리가 반드시 거쳐야 할 인생의 필수 단계로 수용되지 않고 있습니다.

과학자들의 분석에 따르면 인간이 40킬로그램 정도의 짐을 지고 하루에 걸을 수 있는 거리는 길어야 30킬로미터 안팎이라고 합니다. 그래서 더 빠르고 편하게 먼 거리를 이동하는 것이 인류의 오랜 꿈이었습니다. 과학자들과 기술자들은 이런 인류의 꿈을 실현하기 위해 부단히 노력하였고, 그 결과 19세기 중반 유럽에서 자동차가 발명되었습니다.

그런데 대부분의 문명의 이기가 그러하듯이 자동차 시대에도 그늘과 그림자가 존재합니다. 자동차가 출현한 이후 도시의 교외화는 지속적으로 확산되었습니다. 도시인의 생활 반경이 평균 100킬로미터까지 확장된 것입니다. 그에 따라 사람들의 이동 시간도 계속 늘어나게 되었습니다.

이렇게 긴 이동 시간에도 불구하고 대부분의 자가용 운전자가 원거리 내지 장시간 운행을 싫어하지만은 않는다고 합니다. 왜냐하면 자동차 안에서는 운전자가 자신의 프라이버시를 확보할 수 있기 때문입니다.

일반적으로 개인적 편리와 이익은 상호 간의 신뢰나 연대성과 같은 사회적 자본을 감소시키는 경향이 있다고 합니다. 최근의 한 통계학적 연구에 따르면 자가용 통근 시간이 하루 10분 증가할수록 지역 공동체 현안에 대한 관심이나 참여는 10퍼센트 감소한다고 합니다.

도심 지역과 농촌 지역의 생활 행태를 비교한 다른 연구 결과에 따르면 걸어 다니지 않는 것이 아동의 사회성 발달에 부정적인 영향을 미친다고 합니다. 왜냐하면 자동차 문화가 이웃사촌 개념을 희석하기 때문이라는 것입니다.

당장 나에게 편리한 자동차 문화는 공적 공간의 축소를 통해 사회적 유대와 공동체 의식을 약화시키고 있습니다. 요람에서 무덤까지 자가용만 타고 다니는 세상이기에 내가 아닌 남을 만나거나 지인이 아닌 익명의 타자와 부딪히는 기회가 원천적으로 줄어들고 있는 것입니다.

그러고 보면 편리함만이 능사는 아닌 것 같습니다. 몸에 좋은 약이 입에 쓰듯이 편리의 시대에도 불편함이나 무일은 필수적이라고 할 수 있습니다. 거친 음식을 피하고 맛있는 음식만을 섭취할 때 우리의 몸이 허약하게 되듯이 모든 이가 편리함과 안락함만을 추구할 때 그 사회는 정신적으로나 영적으로 허약해지고 황폐해지기 쉽습니다. 정도가 심할 경우 극도의 쾌락주의가 판을

치게 됩니다. 이런 상황에서 세상에 대한 진지한 통찰이나 이웃과의 연대 의식이 제대로 형성될 리는 만무합니다.

우리 사회가 물질적으로 풍요로워졌음에도 불구하고 우리 사회에 대한 구성원의 만족도가 낮은 상태에 머물러 있는 까닭은 성찰적인 사회의 단계로 나아가지 못하고 있기 때문이 아니겠습니까? 그리고 이런 성찰적 사회를 이루기 위해 꼭 필요한 무일의 자세를, 우리 사회의 구성원들이 저버리고 있기 때문이 아니겠습니까? 이런 오늘의 경박한 세대를 향해 〈전도서〉의 기자는 이렇게 권고하고 있습니다. "웃는 것보다는 슬퍼하는 것이 좋다. 얼굴에 시름이 서리겠지만 마음은 바로잡힌다."

성숙의 계절이 찾아오고 있습니다. 바울 선생의 무일 사상을 생각하면서 정신과 영혼을 각성시키기 위해 불편함과 친해지기를 노력하는 우리 젊은이들이 되었으면 좋겠습니다.

사랑의 하나님, 편리함과 안락함만을 추구하여 황폐해지고 나약해진 저희의 정신과 영혼을 돌아보시어 저희에게 무일의 길로 나아갈 수 있는 결단력을 허락해주옵소서. 기꺼이 편리의 시대를 거슬러 살아갈 수 있는 삶에의 용기를 부어주옵소서. 예수님 이름으로 기도드립니다. 아멘.

따라 뛰지 않기

인문학을 선택한 젊은이에게

———

너희는 이 세대를 본받지 말고 오직 마음을 새롭게 함으로 변화를 받아 하나님의 선하시고 기뻐하시고 온전하신 뜻이 무엇인지 분별하도록 하라

로마서 12:2

———

여러분은 수능 시험을 치르고 나서 대학과 전공을 결정하는 과정에서 주변의 조언을 많이 들었을 것입니다. 대부분의 조언자는 여러분에게 대학 졸업 후 취업 등 기타 진로를 들먹이며 세상살이에서 성공하는 매뉴얼을 전파했을 것입니다. 어느 어느 전공을 하면 취업이 잘된다든지, 어떤 전공이 전망이 밝다든지 하는 이야기를 수없이 들었을 것입니다. 그러한 성공학 매뉴얼의 기준은 이러이러한 전공을 하면 단기간 안에 효과를 볼 수 있다는 것인데, 그 효과란 생산성, 수익성, 효용성의 요소를 두루 갖추는 것을 의미합니다. 즉 오늘날 세상살이의 지배 원리는 눈에 보이는 기간 내의 이익, 효과, 생산으로 환원될 수 있다는 뜻입니다. 인간사 모든 일의 성패, 나아가 선악의 기준 자체가, 어떠한 선택이 더욱

생산적이고, 더 많은 이익을 내며, 당장 써먹을 수 있는 효과를 내는가에 달려 있다는 뜻이기도 합니다.

이러한 원리와 기준에 맞추어보면 인문학을 선택한 여러분은 시작도 하기 전에 이미 루저의 길로 들어선 것이 아닌가 하는 불안감에 싸여 있을 수도 있습니다. 또한 세상의 지배 원리에 충실한 사람의 눈에 여러분의 선택이 똑똑지 못한 바보짓으로 보일 수도 있습니다. 왜냐하면 인문학은 당장의 생산을 통한 이익의 창출, 당장 써먹을 수 있는 효과 만점의 테크닉을 가르쳐주는 학문이 아니기 때문입니다. 오히려 세상을 지배하는 원칙들에 대해 정말 그럴까 하고 의심하기, 남 또는 대다수의 사람이 옳다고 하는 일들에 대해 곰곰하고 찬찬히 따져 생각하기, 모두가 한 방향을 향해 질주하는 모습을 바라보면서 왜 뛰냐고 묻고, 덩달아 뛰고 있는 인간의 내면을 들여다보고 파헤치기 등을 배우면서 사람됨 그 자체가 목적이 되는 학문이 바로 인문학입니다. 며칠 전 신문, 머니 앤 비즈니스 섹션에 실린 인터뷰 기사는 인문학이 무엇인지 잘 설명해주고 있습니다.

국내 유수의 건설 회사 사장의 인터뷰였습니다. 기사에 의하면, 이 회사는 올해 국내 기업 가운데 처음으로 신입 사원 채용 때 인문학 전공자를 뽑았다고 합니다. 앞으로도 인문학 출신 비중을 지속적으로 늘려나갈 계획이라고 합니다. 신입 사원 교육 커리큘럼도 인문학 중심으로 바꿨답니다. 정작 그 사장은 공대 출신인데, 그분 왈, "예전에는 몸으로 때우는 일만 하면 되었는데, 이제는 새로운 일을 해야 한다. 단순 시공에서 디자인 엔지니어링으로, 평면적이거나 획일적인 것에서 다양성의 시대로 바뀌고 있기 때문에 응용과학인 공학이나 경영학으로는 해결할 수 없다. 이들 학문은 인간에 대한 깊은 고뇌를 다루는 학문이 아니기 때문이다. 예전엔 단순 기술로 건물을 지었다면 이제는 문화, 역사를 고려하며 전체 도시 개발 측면에서 사업을 펼쳐야 하기 때문이다. 이젠 특정 기능만 있는 건축물은 의미가 없다. 건설은 단순히 집을 지어주는 게 아니라 인간에게 오감, 육감을 만족시키는 가정을 꾸려주는 것이다. 상품 개발실에는 건축공학과 출신만이 아니라 종교, 철학, 사학 등 인문학 전공자를 적극 배치할 필요가 있다. 건설 업체는 거주자가 마음 편하고 행복하게 살 수 있도록 상품을 만들어야 한다. 이를 위해서는 인간이 어떤 생각을 하고 있는지에 대한 고민이 필요하다. 모든 건축물은 공학의 토대 위에서 안정성을 확보하지만 철학, 예술, 역사, 종교 등 인문학적 가치가 더해지지 않는다면 쉽게 생명력을 잃는다"고 힘주어 말하고 있습니다.

이는 단지 이 건설 업체 사장만의 발견은 아닌 듯합니다. 한 대학의 최고 지도자 인문학 과정마다 지원자가 넘쳐나는 등 CEO들과 기업인들 사이에 문, 사, 철의 바람이 불고 있다고 합니다. 심지어 인문학 강좌를 사내에 개설하는 기업도 늘어나고 있는 실정입니다. CEO들은 어려울 때일수록 멀리 보고 기본에 충실해야 한다고 주장한답니다. 즉 인문학에 투자해야 한다고 주장하고 있습니다. 인문학이 세상을 종합적이고 창의적으로 보게 해준다는 것입니다.

그렇습니다. 인문학은 세상과 인간 삶에 온기와 생명력을 불어넣는 고유한 학문입니다. 어느 다른 분야가 흉내 낼 수 없는 고유한 학문입니다. 그러므로 우리는 인문학도로서의 책임감을 충분히 느끼며, 모두가 뛰는 방향으로 따라 뛰지 않았으면 좋겠습니다.

오늘 인문학의 길로 들어서는 여러분에게 세대를 본받지 말고, 하나님의 선하시고 기뻐하시고 온전하신 뜻이 무엇인지 분별하도록 하라는 《성서》의 말씀은 이렇게 해석될 수 있을 것입니다.

소설가 박민규는 그의 소설 《삼미 슈퍼스타즈의 마지막 팬클럽》에서 이렇게 말합니다. "관건은 그것이라고 생각한다. 따라 뛰지 않는 것, 속지 않는 것, 찬찬히 들여다보고 행동하는 것." 저는 이것이 인문학의 기본이라고 생각합니다. 그리고 이것이 오늘부터 인문학도로서 우리가 가져야 할 성찰적인 삶의 태도입니다. 남들이 모두 날뛴다고 나도 따라 뛰지 않기, 대세라고 하는 것에 속지 않기, 찬찬히 들여다보고 행동하기. 이러한 태도를 인문학도의 삶의 원칙으로 삼으면 어떻겠습니까?

　사랑의 하나님, 젊은이 되게 하셔서 감사합니다. 대학의 인문인이 되게 해주셔서 더욱 감사합니다. 이 배움터에서 좋은 인간으로 성숙해가게 하시고, 인간 삶의 기본 원리 깨우치게 하옵소서. 인간세상에 온기와 생명력을 불어넣는 창의적인 사람으로 자라나게 하옵소서. 긴 안목을 지닌 참사람으로 살아가게 하옵소서. 예수님 이름으로 기도드립니다. 아멘.

교회 안의 담

세대 차이 때문에 고달픈 젊은이에게

그러므로 생각하라 너희는 그 때에 육체로는 이방인이요 손으로 육체에 행한 할례를 받은 무리라 칭하는 자들로부터 할례를 받지 않은 무리라 칭함을 받는 자들이라 그 때에 너희는 그리스도 밖에 있었고 이스라엘 나라 밖의 사람이라 약속의 언약들에 대하여는 외인이요 세상에서 소망이 없고 하나님도 없는 자이더니 이제는 전에 멀리 있던 너희가 그리스도 예수 안에서 그리스도의 피로 가까워졌느니라 그는 우리의 화평이신지라 둘로 하나를 만드사 원수 된 것 곧 중간에 막힌 담을 자기 육체로 허시고 법조문으로 된 계명의 율법을 폐하셨으니 이는 이 둘로 자기 안에서 한 새 사람을 지어 화평하게 하시고 또 십자가로 이 둘을 한 몸으로 하나님과 화목하게 하려 하심이라 원수 된 것을 십자가로 소멸하시고 또 오셔서 먼 데 있는 너희에게 평안을 전하시고 가까운 데 있는 자들에게 평안을 전하셨으니 이는 그로 말미암아 우리 둘이 한 성령 안에서 아버지께 나아감을 얻게 하려 하심이라 그러므로 이제부터 너희는 외인도 아니요 나그네도 아니요 오직 성도들과 동일한 시민이요 하나님의 권속이라 너희는 사도들과 선지자들의 터 위에 세우심을 입은 자라 그리스도 예수께서 친히 모퉁잇돌이 되셨느니라 그의 안에서 건물마다 서로 연결하여 주 안에서 성전이 되어 가고 너희도 성령 안에서 하나님이 거하실 처소가 되기 위하여 그리스도 예수 안에서 함께 지어져 가느니라

에베소서 2:11-22

대통령 선거를 치르면서 두드러지는 현상은 단연 세대 간의 의견 차이입니다. 이미 역사가 되어버린 이야기지만, 언젠가 신문의 시사만화란에는 젊은이는 노씨 후보를 지지한다고 해서 노심초사, 노년층은 이씨 후보를 지지한다고 해서 이심전심이라는 사자성어를 비유로 그들의 의견 차이를 풍자해놓은 적도 있습니다. 후보의 지지 세력이 이렇게 세대 간의 차이로 확연히 드러난 적은

일찍이 없었던 것 같습니다. 당락이 결정되고 난 후 승자를 지지했던 젊은층은 자신들이 구태의 악습과 맞서 싸워 이기고 새로운 세상을 열고야 말았다는 승리감과 자신감에 도취되었습니다. 패자의 지지자였던 노년층은 불만스럽게 역사의 과정을 지켜보아야만 했습니다. 노년층은 자신들이 힘껏 이루어놓은 세상의 주도권을 젊은층에게 빼앗겨버린 열패감 때문에 우울한 나날을 보내기도 했습니다. 그러나 이제는 모두 지난 일이 되고 말았습니다. 그때 승리를 만끽했던 젊은이들도 더 이상 젊지 않은 나이가 되고 말았으니 말입니다. 그러나 세대 간의 갈등은 여전합니다.

젊은층과 노년층은 서로의 사고방식을 이해하지 못합니다. 배고프고 힘들게 살아온 노년층은 경제적으로 윤택하고 안정된 사회에서 살며 자유롭게 사고하는 젊은층을 이해하기 힘듭니다. 무엇보다도 개인의 자유와 사생활 보장이 중요한 가치인 젊은층은 공동체에서의 위계질서와 권위에 익숙해져 있는 노년층의 관습을 간섭과 억압으로 느낍니다. 그래서 부당한 것을 강요하는 듯한 노년층을 이해하기는커녕 그들을 향해 대들고 싶은 마음마저 듭니다.

오늘날 우리의 교회를 들여다봅시다. 교회 안에는 이러한 세대 간의 갈등이 없습니까? 교회에도 사회와 마찬가지로 갑남을녀, 남녀노소가 모두 모여 있습니다. 일반적으로 교회는 노년층이 일의 주도권을 가지고 있습니다. 노년층은 교회를 세우고 재정적으로 교회를 뒷받침하여 오늘날의 교회가 되는 데 큰 공을 세웠습니다. 그뿐만 아니라 교회의 중대사에 헌신적으로 봉사합니다. 그리고 교회의 일을 계획하고 결정하는 데 큰 영향력을 행사할 수 있는 권한도 함께 지닙니다.

젊은층은 교회의 미래를 이끌어갈 사람들입니다. 젊은층은 그 특유의 패기와 열정으로 새로운 것을 시도하고 교회를 새로운 방향으로 개혁하고자 합니다. 기회가 닿는 대로 교회 일의 계획과 결정에서 발언권을 얻고자 합니다. 노년층의 주도하에 교회의 일이 성사되는 과정에서 젊은층이 소외되는 경우가 있습니다. 그러나 그 결과, 젊은층은 교회의 주인이라는 느낌을 가지지 못하는 경우가 많고, 또한 노인의 의견과는 다른 의견을 가지고 있으나 비중 있는 의견으로 수렴되지 못하는 경우도 적지 않습니다.

한편 젊은층이 주도적으로 교회 일의 계획과 결정에 참여하는 교회의 경우, 노년층이 느끼는 소외감은 매우 클 수 있습니다. 그 결과, 노년의 지혜와 경륜이 교회 안에 받아들여지지 않아 마땅치 않은 느낌을 가질 수도 있습니다. 사실상 교회 안에서도 세대 간의 의견 차이는 매우 큽니다. 이러한 세대 간의 의견 차이는 교회의 유대감을 해칠 수 있습니다.

오늘 우리가 읽은 《성서》 본문은 유대인 그리스도인과의 유대 관계가 무너질 위험에 처해 있던 비유대인 그리스도 교인을 위한 말씀입니다. 에베소 교회는 비유대인 출신의 교인과 유대인 출신의 교인이 함께 신앙생활을 하던 교회입니다. 그런데 한 교회를 섬기던 이 둘 사이에는 갈등이 있었습니다. 구체적으로 어떤 갈등이 있었는지는 본문을 통해 알 수 없지만 우리가 알 수 있는 것은 그리스도를 같은 주로 섬기는 교회의 교인임에도 불구하고 유대인과 비유대인 교인 간의 유대를 상실하게 되었다는 사실입니다.

본문은 왜 이 둘 사이의 유대가 끊어지면 안 되는지에 관해 설명하고 있습니다. 본문은 그리스도가 유대 사람과 이방 사람이 양쪽으로 갈려져 있던 것을 하나로 만든 분이라고 전합니다. 본문에 의하면 그분은 둘 사이를 가르는 담을 자기 몸으로 허무셔서 원수 된 것을 없애신 분입니다. 그리고 이 둘을 한 몸으로 만드셔서 하나님과 화해하게 하셨습니다. 본문은 우리에게 이방인이 이제는 하나님의 백성이 되어 그리스도 안에 동참하게 되었으며 그리스도의 죽음을 통해서 유대인과 이방인 사이의 장벽이 헐리고 둘이 다 한 주님의 한 성령 안에서 아버지 하나님께 나아갈 수 있게 되었다고 증언합니다. 즉 화해자 그리스도로 인하여 하나가 된 교회이므로 서로 간에 담을 쌓고 있으면 안 된다는 말씀입니다.

본문은 한 교회 안의 이 두 그룹이 지향해야 할 바람직한 관계를 두 가지 비유를 들어 설명하고 있습니다. 하나는 하나님의 가족이라는 것입니다. 예수 그리스도로 인하여 하나 된 이 둘은 이제 하나님의 가족이 되었다는 것입니다. 가족은 가족 구성원 간의 유기체적인 결합으로 이루어진 이 세상에서 가장 친밀한 집단이며 운명 공동체입니다. 가족 구성원 중 어느 한 사람이라도 고통 속에 있으면 그 가족은 행복할 수 없는 이유입니다.

다른 하나는 이방인과 유대인이 예수 그리스도가 스스로 모퉁잇돌이 된 건물이라는 비유입니다. 건물의 한 부분의 파괴는 건물 전체를 무너지게 할 수 있습니다. 튼실한 건물이 되려면 서로 연결된 건물의 부분들이 잘 결합되어 있어야 한다는 것입니다. 이 두 비유는 교회 내에 있는 다른 성격의 두 그룹의 유기체적인 결합의 중요성을 말하고 있습니다.

한 가족 안의 구성원으로서 또한 한 건물의 일부로서 이방인과 유대인은 각각 얼마나 소중하고 가치 있는 존재인지를 알려주고 있는 것입니다. 즉 우리는 이 본문에서 이방인과 유대인으로 구성되어 있던 그 교회의 일치와 통일이 강조되고 있음을 알 수 있습니다.

우리의 교회 현실에서도 마찬가지입니다. 세대 간의 의견 차이는 교회 안의 담이 되고 있지 않습니까? 의견을 수렴하고 서로를 배려하기보다는 막힌 담을 더 높이 세움으로써 문제를 해결하려는 것은 아닙니까? 그리스도께서 젊은층과 노년층을 하나 되게 하셨고 하나님의 한 가족으로 부르셨습니다. 친밀한 유대를 통해 이 다른 두 그룹이 튼실한 건물을 이루는 것이 어떻겠습니까? 주께서 친히 모퉁잇돌이 되어주실 것입니다.

주검을 통하여 배우다

해부학 실습을 시작하는 젊은이에게

인생은 그 날이 풀과 같으며 그 영화가 들의 꽃과 같도다

시편 103:15

먼저 이번 학기로 무사히 진급한 여러분에게 축하의 인사를 전하고 싶습니다. 이제부터 본격적으로 의학도로서 수련을 받게 될 것입니다. 오늘은 여러분이 의학도로서 전문적인 수련을 받게 된다는 한 신호탄을 쏘아 올리는 날입니다. 해부학 실습을 시작하는 날이기 때문입니다. 그래서 우리는 오늘 한동안 실습의 대상이 되어줄 주검을 앞에 두고 잠시 우리만의 방식으로 의례를 거행하려고 합니다.

여러분은 인간의 주검을 영화에서 보았고, 책에서도 수차례 보았고, 인체의 신비라는 전시회에서도 보았을 것입니다. 그리고 주검과 해부학 실습에 대한 이야기도 선생님과 선배로부터 수차례 들었을 것입니다. 그리고 기대하고 담담한 마음으로 나름대로

는 완벽한 준비를 하고 이 자리에 왔을 것입니다.

그러나 여러분 중에는 사람의 주검을 실제로 처음 대하는 이가 있을 것입니다. 아마도 가까운 사람의 죽음을 경험하지 않은 사람들 대부분은 난생처음으로 인간의 주검을 눈앞에 대하고 있을 것입니다. 사람은 누구나 자신이 경험해보지 못한 일에 대해서는 완벽한 상상이나 준비가 불가능하지요. 그래서 철저하게 준비하고 온 학생들 중에서도 당혹스러움과 긴장감을 감출 수 없는 사람도 있을 것입니다. 그저 아무 생각 없이 저절로 숙연해지기도 하는 순간입니다. 저는 오늘 여러분과 함께 살아 있는 인간이 주검으로부터 얻을 수 있는 생각을 함께 나누려고 합니다. 주검을 통해 배우게 될 여러분과 더불어 말입니다.

주검을 대할 때 우리는 그 주검이 한때는 우리와 똑같이 숨 쉬고, 웃고, 울며, 먹고 마시며, 사랑하고 노동하였던 생명의 존재였다는 사실을 생각하게 됩니다. 누군가의 자식이었고, 누군가의 형제자매였고, 누군가의 애타는 사랑이었을 것입니다. 그러나 숨은 거두어졌고 우리에게 육신을 남겼습니다. 주검을 영어로 Human Remains라고 합니다. 우리가 살다가 남긴 것이지요. 주검을 바라보면서 우리는 우리 인생의 끝이 무엇인지 다시 한 번 되새기게 됩니다. 누구나 죽는다는 것입니다. 인간은 유한한 존재라는 만고불변의 진리를 다시 깨닫게 됩니다.

죽음으로 생을 마치게 될 유한한 존재로서의 인간을 다시 한

번 깨닫게 될 때 우리는 생에 대해 보다 겸손하고 진실할 수 있습니다. 따라서 주검은 산 사람에게 큰 교훈을 줍니다. 길다면 길게 또 짧다면 짧게 인생을 살다가 마지막에 도달하는 곳은 죽음이라는 것과 아무리 발버둥 치며, 부귀영화를 누린다고 할지라도 결국 주검을 남긴다는 것입니다. 젊고 의욕에 찬 의학도에게 눈앞에 놓여 있는 주검을 보며 죽음을 기억하라는 저의 말이 너무도 비관적이고, 삶에 대해 냉소적으로 들릴지는 모르겠습니다. 그러나 역설적이게도 주검을 목도하며 자신을 비롯한 모든 이가 주검이 된다는 사실을 깨닫는 순간 인간은 오히려 삶에 대한 새로운 인식을 얻을 수 있습니다. 인간은 자기 자신이 지극히 작은 존재임에 불과하다는 것과 인간 자신이 생명의 주관자가 아님을 깨닫게 될 때, 죽음을 기억하지 않았던 이전과는 다르게 자신의 한계를 인정하면서 주어진 시간에 대해 감사한 마음을 가질 수 있을 것입니다. 또한 무한한 존재이신 하나님께 모든 것을 맡김으로써, 자신이 자기 삶의 모든 것을 계획하고 성취하여야 한다는 강박으로부터 놓여 나서 자유롭게 삶을 영위할 수 있을 것입니다. 따라서 우리 앞에 놓여 있는 이 주검들은 바로 우리의 유한한 정체성을 다시 깨닫게 해주고 우리로 하여금 새로운 삶의 자세를 갖게 해주는 역할을 감당하고 있습니다. 여러분은 이 주검을 통해서 의학도로서의 전문 지식을 넓히고 심화해나갈 것입니다. 그것이 해부학 실습의 목표일 것입니다. 인간의 생명을 다루게 될 여러분이 주검의 해부를 통하여 인간의 몸에 대해 전문적인 지식을 심화해야 함은 백번 강조해도 넘치지 않을 것입니다. 그러나 주검을 통하여 얻을 수 있는 것은 인간의 몸에 대한 자세한 지형도를 그릴 수 있는 능력뿐만이 아님을 기억했으면 좋겠습니다.

오늘 우리가 함께 읽은 구약 성서 〈시편〉의 기자는 "인생은 그날이 풀과 같으며 그 영화가 들의 꽃과 같도다"라고 고백하고 있습니다. 인생의 덧없음과 유한함을 고백한 것이겠습니다. 저는 이 〈시편〉 기자의 고백이 여러분의 고백이 되길 원합니다. 주검을 앞에 둔 여러분의 고백이 되길 바랍니다. 왜냐하면 그러한 고백은 바로 인간 삶에는 끝이 있으며 누구나 주검이 된다는 정해진 이치를 깨닫는 데에서 나오기 때문입니다. 주검을 통하지 않고서는 어느 누구도 그러한 이치를 극명하게 깨달을 수 없기 때문입니다. 따라서 주검을 통하여 배우는 것은 해부학적 지식뿐만이 아닙니다. 유한한 존재로서의 인간적 정체성을 확인하는 것과 그러한 인간 본연의 모습을 객관적으로 바라보는 여유를 얻는 것입니다. 그리고 담담하게 삶을 받아들이고 초연하고 겸허하게, 주어진 시간을 감사함으로 살아가게 하는 것입니다. 우리가 인간의 유한함을 깨달으면 깨달을수록 우리의 삶에 대한 태도는 진지해지고 생에 대한 경외감은 커질 것입니다.

여러분은 인간의 생명을 다루게 될 의학도입니다. 어떤 분야의 전문인보다 인간 삶에 대한 깊은 이해와 경외심을 필요로

하는 존재입니다. 부디 주검을 통하여 배우십시오. 인간의 유한함을 겸허히 받아들일 수 있도록, 그리고 유한한 존재로서의 자신의 능력의 한계도 분명히 받아들일 수 있도록. 부디 주검을 통하여 배우십시오. 여러분도 잘 아시는 닥터 노먼 베순Henry Norman Bathune의 고백적인 말로 오늘의 말씀을 마치겠습니다. "우리 의사들은 수도승과 같아야 하오. 그렇소. 헐벗은 옷차림에 샌들을 신고 이리저리 배회하는 수도승과 같아야 한단 말이오. 우리의 목적은 인체를 보호하고 소생시키는 것이오. 그것은 신성한 일이오. 따라서 우리의 자세도 신성한 목적에 맞게 치열하지 않으면 안 되오."

주검을 통하여 치열하게 배우는 나날이 되길 바랍니다.

생명의 근원이신 하나님, 저희 의학도들 오늘부터 주검을 다루며, 배우는 일을 시작합니다. 주검을 마주하며 서 있는 우리 의학도들에게 삶과 죽음 앞에 겸허한 마음을 주시고, 의학도들의 수업을 위하여 기꺼이 자신의 주검을 내준 분들의 숭고한 뜻에 고마운 마음을 잃지 않게 하옵소서. 세상에 많은 의학도가 있지만, 특별히 우리 의학도들, 전문적인 의료 행위와 더불어 사랑과 봉사와 헌신의 그리스도 정신을 세상에 전하는 의료인의 길을 걷게 하옵소서. 예수님 이름으로 기도드립니다. 아멘.

성
숙

인간다운 전문가

주연 배우 당나귀

착하게 살고 싶다

인간다운 전문가

어느 분야에서든 전문가가 되려는 젊은이에게

예수께서 무리가 자기를 에워싸는 것을 보시고 건너편으로 가기를 명하시니라 한 서기관이 나아와 예수께 아뢰되 선생님이여 어디로 가시든지 저는 따르리이다 예수께서 이르시되 여우도 굴이 있고 공중의 새도 거처가 있으되 인자는 머리 둘 곳이 없다 하시더라 제자 중에 또 한 사람이 이르되 주여 내가 먼저 가서 내 아버지를 장사하게 허락하옵소서 예수께서 이르시되 죽은 자들이 그들의 죽은 자들을 장사하게 하고 너는 나를 따르라 하시니라

마태복음 8:18-22

우리 인간은 관계적 존재입니다. 우리는 수많은 관계 속에서 살아갑니다. 가족 관계, 친구 관계, 직장 동료 관계, 이웃 관계 등이 그것이지요. 이런 관계들을 원만하게 유지해나갈 때 행복한 삶을 영위할 수 있습니다.

그런데 인간 사회를 들여다보면 모든 사람이 다른 이와 항상 원만한 관계를 유지하는 것 같지는 않습니다. 매끄럽고 즐거운 관계보다 껄끄럽고 버거운 관계가 더 많이 눈에 띕니다.

사람들이 맺는 관계가 불편한 관계로 전락하지 않으려면 무엇보다 먼저 관계를 맺는 당사자가 합리적인 자세를 견지해야 합니다. 서로의 역할과 책임, 그리고 권리를 분명하게 정하고 상대방의 영역을 침범하지 않으며 서로를 존중할 때 관계에서 오는 갈

등을 최소화할 수 있습니다.

그런데 문제는 인간관계가 이처럼 합리적인 차원에만 머무르게 될 때 자칫 메마르기 쉽다는 데 있습니다. 관계를 맺는 상대방이 자기 것과 남의 것을 너무 따지고 지나치게 목적 지향적일 때 그 관계는 피곤해지기 쉽습니다. 이렇게 보면 인간은 항상 합리적이고 이성적일 수만은 없는 것 같습니다.

사람들은 관계를 맺고 있는 상대방으로부터 애정이나 감동을 받고 싶어 합니다. 이럴 때 우리 인간에게 요구되는 것이 인간미입니다. 합리적이면서 동시에 인간적인 사람과 관계를 맺는 사람은 행복감을 느낄 수 있고 또한 삶의 활력을 얻을 수 있습니다.

오늘 우리가 함께 읽은 《성서》 본문은 이런 관계의 문제를 다루고 있습니다. 오늘 본문에는 두 종류의 사람이 나옵니다. 어느 날 한 사람이 예수께 찾아와서 이렇게 말합니다. "예수 선생님, 저는 선생님이 가시는 곳이면 어디든 따라가겠습니다. 그러니 저를 받아주십시오." 이 말을 들으신 예수님은 우회적으로 거절의 뜻을 표하십니다. "여우도 굴이 있고 새도 보금자리가 있으나 나는 머리 둘 곳도 없다." 나는 거처도 없는 사람이니 나를 따라오지 말라는 완곡한 거부의 말씀이시죠.

그 뒤에 다른 한 사람이 예수를 또 찾아옵니다. 그런데 그 사람은 예수님을 따르고 싶지만 인간적인 문제로 고민합니다. 그는 예수께 "지금 당장 예수님을 따라가는 것은 곤란하고 아버지의 장례를 치르고 난 뒤 예수님을 따라가겠습니다"라고 말합니다. 그런데 예수께서 그 사람에게는 나를 따르라고 말씀하십니다.

〈마태복음〉 기자는 오늘의 본문을 통해 예수께서 진정으로 관계를 맺고 싶어 하는 부류의 사람이 어떤 사람인지를 분명히 전하고 있습니다. 보통 사람 같으면 어디든 쫓아가겠다고 나서는 첫 번째 사람을 선택하기 쉬울 것입니다. 반면 아버지의 장례를 치르는 문제로 번민하는 두 번째 사람은 내치기 쉬울 것입니다.

그런데 예수께서는 보통 사람과는 정반대의 선택을 하셨습니다. 왜 그러셨을까요? 그것은 첫 번째 사람보다 두 번째 사람이 더 인간미가 있었기 때문입니다. 첫 번째 사람은 목적의식이 분명했고 예수님을 따르는 일에도 결연한 의지를 보이고 있었습니다. 반면 두 번째 사람은 예수님을 당장 쫓아가고 싶었지만 아버지의 장례가 마음에 걸려 인간적인 도리를 놓고 번민하고 있었습니다.

하나님의 사업을 하는 데 있어 뚜렷한 목적의식도 필요하고 목적을 관철시킬 수 있는 굳은 의지도 필수적입니다. 그러나 그것만 가지고는 예수님의 동역자가 될 수 없음을 오늘의 본문은 분명히 가르쳐주고 있습니다. 목적의식이 투철하고 의지가 강한 기계 같은 사람보다 목적의식이나 의지는 좀 부족해도 인간미를 가진 사람이 하나님 나라 사업에 더 적합하다는 예수님의 판단이시지요.

그렇습니다. 오늘의 세상에도 목적을 성취할 수 있는 능력을 가진 기계 같은 전문가가 얼마나 많습니까? 물론 그런 전문가는 보통 사람보다 훨씬 많은 일을 빠른 시간 안에 달성할 수 있습니다. 그래서 사회에서 더 좋은 평가와 대우를 받고 있습니다.

그런데 그런 기계 같은 차가운 전문가가 모든 사람의 모델이 되고, 그래서 그런 이가 점점 더 늘어나게 되면 이 세상은 어떻게 되겠습니까? 지금보다 더 차갑고 더 각박한 세상이 되지 않겠습니까?

언젠가 한국 바둑의 간판스타라고 할 수 있는 이창호 기사가 부진을 면치 못하고 있다는 신문 기사를 읽은 적이 있습니다. 그 이유에 대한 분석도 신문의 큰 기삿거리였습니다. 그때 바둑계에서는 이창호라는 바둑 기계에 무슨 일이 생긴 것이 아니냐는 풍문이 떠돌고 있었습니다. 그런데 이창호 기사는 몇 년 전부터 책에 푹 빠졌다고 합니다. 세상이 알고 싶어 고전에서 현대 서적까지 분야를 가리지 않고 닥치는 대로 책을 읽어내고 있다고 합니다.

바둑계에서 통하는 진리가 있습니다. 다름 아닌 '인생을 알면 승부가 약해진다'는 것입니다. 바둑의 승부는 무심하고 비정합니다. 그래서 바둑 기사가 인생에 마음을 두면 집중력이 떨어져 패하기 쉽게 됩니다. 따라서 탁월한 바둑 기사가 되려면 온종일 바둑만 생각해야 한다는 것입니다.

이창호 기사를 아끼는 주위 사람들이 그의 독서를 말리고 있지만 그는 책 읽기를 멈추지 않고 있다고 합니다. 이창호 기사는 자신을 걱정하는 사람들에게 "잃는 것이 있다면 얻는 것도 있지 않겠습니까?"라고 말했답니다. 그의 소망은 단순한 바둑 기계가 아니라 인간미 넘치는 바둑 기사가 되고 싶은 것이 아닐까요?

그런 이창호 기사가 몇 개월 전 일본과 중국 출신의 쟁쟁한 기사들과 살인적인 대국을 치른 적이 있었습니다. 연일 계속되는 치열한 싸움에 그는 지칠 대로 지쳐 있었습니다. 그럴 때일수록 시간을 아끼면서 휴식을 취하며 에너지를 재충전하는 일이 대국에서 승리를 이끌어내는 데 필수적일 것입니다.

그런데 이창호 기사는 살인적인 대국이 이어지는 와중에 짬을 내어 어느 노인과 바둑을 두고 있었다고 합니다. 주위 사람들은 그 노인이 어떤 인물이기에 이창호 기사가 정신없고 힘든 시간에 그 노인과 바둑을 두고 있는가를 궁금해하였다고 합니다. 그러나 그 노인의 신원을 확인한 주변 사람들은 어안이 벙벙하였다고 합니다.

그 노인은 사람들이 추측한 것처럼 바둑의 고수도 아니었고 바둑계의 유력 인사도 아니었습니다. 그 노인은 이창호 기사의 평범한 팬이었습니다. 평소 이창호 기사와 바둑 한판 두는 것이 소원이었던 그 노인은 이창호 기사를 찾아와 자신의 청을 말하였고 이 요구를 이창호 기사가 거절하지 않고 받아들여 두 사람의 만남이 이루어졌던 것입니다. 별 소득이 없을, 시간과 에너지만을 낭비할 만남을 이창호 기사가 마다하지 않은 이유는 무엇이었을까요? 이는 바둑 기계를 넘어서 인간미를 겸비한 바둑 기사를 추구하는 이창호 기사다운 면모가 아닐 수 없습니다.

뜨거운 뙤약볕과 긴 장마의 습한 기운이 물러나고 선선한 바람이 아침저녁으로 불어와 새로운 계절을 느끼게 합니다. 계절이 변할 때마다 사람들은 자기 자신에게도 새로운 변화의 시기가 도래했다고 생각하게 됩니다. 여러분은 이번 계절의 변화에 직면하여 어떤 변화를 꿈꾸고 계십니까?

누가 뭐래도 가을은 성숙의 계절입니다. 누렇게 익어 고개 숙인 벼에서, 탐스럽게 익어가는 과일에서 우리는 이 계절이 드러내는 성숙함을 확인하게 됩니다. 이렇게 자연의 세계가 성숙하듯이 인간의 세상도 보다 완전한 단계로 나아가야 할 것입니다. 이를 위해 여러분도 자신의 학업에서, 일터에서 새로운 단계로 도약해야 할 것입니다. 여러분은 어느 분야에서든 하는 일에서 전문가로 성장해야 할 것입니다.

그러나 거기에만 만족해서는 곤란합니다. 좀 더 냉정히 생각해 보면 전문적 지식은 우리가 갖추어야 할 최소한의 것에 불과합니다. 하나님께서는 여러분이 전문 지식 위에 인간미를 더하기를 원하십니다. 하나님께서는 여러분이 자신의 분야에서 정통할 뿐만 아니라 인격에 있어서도 성숙한 인물이 되길 원하십니다.

마이크로소프트의 빌 게이츠Bill Gates는 자신의 회사에서 만든

컴퓨터 프로그램이 세계 체스 대회의 우승자를 물리치고 승리하였을 때 소감을 묻는 기자들에게 이렇게 말했다고 합니다. "컴퓨터는 단지 입력된 프로그램에 충실하게 체스를 둘 뿐이다. 그러나 컴퓨터는 기계일 뿐 결코 사람이 될 수 없다."

그렇습니다. 기계같이 정확하게 자기의 일을 수행하기만 하는 전문인을 인간답다고 평가할 수 없습니다. 인간이 기계와 달리 인간인 이유는 다른 사람의 입장에서 그의 마음을 헤아리기 때문이 아니겠습니까? 내가 대하는 사람이 단순한 일의 대상을 넘어서 나와 내 가족, 그리고 내 친구와 같은 소중한 인간 존재라는 평범한 사실을 순간순간 되새길 때 우리는 기계나 장비와 차별화될 수 있는 것 아니겠습니까?

여기 계시는 여러분 모두가 기계 같은 전문가를 넘어 인간다운 전문가를 꿈꾸시는 나날이 되었으면 하는 마음 간절합니다.

사랑의 하나님, 저희에게 능력을 주시고 일터를 주셔서 주어진 일에 정진할 수 있게 하시니 진심으로 감사를 드립니다. 저희로 차가운 이성만 강조하고 따뜻한 심장을 경시하는 세상의 풍조를 거슬러 인간미 넘치는 전문가가 되게 하옵소서. 저희로 누구보다도 탁월한 전문가가 되기 위하여 지식을 쌓게 하시되, 애써 노력하는 가운데 수월함을 지니게 하시고, 갈고닦은 전문 지식을 온기 가득한 인격의 그릇에 담게 하옵소서. 순전하고 진정성 있는 사람됨에 담게 하옵소서. 저희로 목적의 달성만을 염두에 두고 앞

만 보고 달려가는 기계로 살게 마옵시고 주변 사람의 마음을 헤아리릴 줄 아는 인간미 넘치는 전문가로 살게 하옵소서. 매일같이 마음의 여유를 잃은 수많은 사람을 만나 저희의 심신이 지치고 고달프지만 그래도 인간에 대한 애정을 잃지 않게 하옵소서. 나를 찾아오는 이를, 그가 조금 약하고 부족하다는 이유로 가벼이 여기지 않게 하옵소서. 나날이 한결 더 깊어진 성숙한 사람이 되게 하옵소서. 예수님 이름으로 기도드립니다. 아멘.

주연 배우 당나귀

겸손하길 원하는 젊은이에게

그들이 예루살렘에 가까이 가서 감람 산 벳바게에 이르렀을 때에 예수께서 두 제자를 보내시며 이르시되 너희는 맞은편 마을로 가라 그리하면 곧 매인 나귀와 나귀 새끼가 함께 있는 것을 보리니 풀어 내게로 끌고 오라 만일 누가 무슨 말을 하거든 주가 쓰시겠다 하라 그리하면 즉시 보내리라 하시니 이는 선지자를 통하여 하신 말씀을 이루려 하심이라 일렀으되 시온 딸에게 이르기를 네 왕이 네게 임하나니 그는 겸손하여 나귀, 곧 멍에 메는 짐승의 새끼를 탔도다 하라 하였느니라 제자들이 가서 예수께서 명하신 대로 하여 나귀와 나귀 새끼를 끌고 와서 자기들의 겉옷을 그 위에 얹으매 예수께서 그 위에 타시니 무리의 대다수는 그들의 겉옷을 길에 펴며 다른 이들은 나뭇가지를 베어 길에 펴고 앞에서 가고 뒤에서 따르는 무리가 소리 높여 이르되 호산나 다윗의 자손이여 찬송하리로다 주의 이름으로 오시는 이여 가장 높은 곳에서 호산나 하더라 예수께서 예루살렘에 들어가시니 온 성이 소동하여 이르되 이는 누구냐 하거늘 무리가 이르되 갈릴리 나사렛에서 나온 선지자 예수라 하니라

마태복음 21:1-11

오늘 본문의 말씀은 부족한 제가 목사로서 안수받게 되면서, 제 스스로가 어떤 목사가 되어야 할 것인가를 기도하고 묵상하는 가운데 얻게 된 말씀입니다. 성령의 인도로 제가 받았던 감동이 여러분에게도 살아나는 말씀 나눔의 신비를 맛보게 되었으면 좋겠습니다.

오늘의 본문 말씀은 예수께서 예루살렘에 입성하시는 장면을 묘사하고 있습니다. 오랫동안 갈릴리 지방에서 활동하시던 예수

는 이제 새로운 전기를 맞이하고자 예루살렘으로 향합니다. 예수는 당신의 예루살렘 입성을 준비하기 위해 제자들을 보내어 나귀를 끌어오도록 합니다. 어딘가에 매여 있던 나귀는 예수의 예루살렘 입성을 위하여 제자들에게 끌려옵니다.

오늘의 본문에서는 제자들이 나귀와 나귀 새끼를 끌고 왔다고 하여 혹 두 마리를 끌고 온 것이 아닌가 하는 의문을 품게 됩니다. 그러나 본래 히브리 사람이 동일한 사물을 두 말로 표현하는 습관에 의한 것이지 실제로 두 마리의 나귀를 뜻하는 것은 아니었습니다. 즉 한 마리의 새끼 나귀가 예수께 끌려온 것입니다.

예수의 예루살렘 입성에 관한 오늘 말씀은 예수의 수난을 준비하는 이야기입니다. 저는 이 이야기에서 예수께서 타신 당나귀에 초점을 맞추고자 합니다. 그러면서 부족한 상상력을 동원해서 본문의 말씀을 이렇게 재구성해보았습니다.

옛날에 당나귀가 한 마리 있었습니다. 당나귀는 흔히 길가에 또는 집 앞에 매여 있었습니다. 그러다가 당나귀는 주인이 짐을 싣고 채찍질을 하면 짐을 싣고 뒤뚱거리며 갈 길을 가면 되었고 주인이 등에 타고 먼 길을 떠나면 주인을 태우고 길을 가면 되는 일상을 살았습니다.

그런데 어느 날 어떤 모르는 사람들이 매여 있는 자신을 풀었고 모르는 사람에게로 데려다가 등에 옷을 깔고 그 사람을 태우도록 했습니다. 그래서 당나귀는 그 사람을 태우고 길을 가게 되었습니다. 그런데 당나귀가 흥분할 일이 생겼습니다. 사람들이 자신의 앞에 서서 가며 또 뒤를 따르는가 하면, 길가에 서 있던 사람들이 자신을 향해 손을 흔들며 환호하고 있었기 때문입니다. 흔히 왕에게나 해주던 일, 곧 길가에 겉옷을 까는 의식을 해주면서, 축제 때에나 쓰는 종려나무 가지를 흔들어주다가, 자신이 밟고 지나가는 땅에 그 종려나무 가지를 놓아주었던 것입니다.

당나귀는 갑작스러운 일에 놀라고 흥분했습니다. "와, 웬일이냐. 사람들이 나를 보며 환호하고 있구나. 이제야 사람들이 내가 훌륭한 당나귀라는 사실을 알아차렸구나. 이제 나는 떴다. 어디 한번 맘껏 뽐내볼까?" 하며 엉덩이를 실룩거렸습니다. 사람들의 환호는 더 커졌고 그럴수록 당나귀는 흥분하여 더 엉덩이를 실룩거리고 앞발을 치켜들어 온갖 재주를 부리며 우쭐대기 시작했습니다.

사실은 당나귀 자신이, 온몸에 기름기가 자르르 흐르고, 한번 달리면 회오리바람을 일으킬 정도로 빠른 말에 비하여 능력이나 외모에서 부족하다는 생각도, 또한 농사일에 숙련되고 사람에게 젖과 고기를 주는 소에 비하여 쓰임새가 부족하다는 생각도 다 잊었습니다. 자신이 사람이나 짐을 실어 나르는 일에나 주로 쓰이는 볼품없는 당나귀라는 사실은 까맣게 잊었던 것입니다.

당나귀는 환호에 도취되었습니다. 당나귀는 더 이상 자신이 누군가를 등에 태우고 있다는 사실을 기억하지 못했습니다. 흥에 취해 우쭐대며 날뛰던 당나귀는 그만 등에 태웠던 사람을 떨어뜨렸습니다. 당나귀를 타고 있던 그 사람은 땅바닥에 나뒹굴었고 사람들은 당나귀의 엉덩이를 철썩 때리며 진정하라고 꾸짖었습니다. 정신이 번쩍 든 당나귀는 사람들이 하는 소리를 들었습니다. 저 사람이 누구냐, 저 사람이 바로 예수라는 것이었습니다.

착각이었습니다. 사람들의 칭찬, 나에 대한 예우, 친절, 사랑과 환호. 당나귀 자신이 잘나서 이 모든 것을 받은 줄 알았던 것은 착각이었습니다. 그만 착각에 빠져 자신이 이 장면의 주인공인 줄 알고 뽐내었던 것입니다. 그러나 이 장면의 주인공은 정작 누구입니까? 예수입니다. 당나귀 등에 타신 예수였습니다. 당나귀는 예수의 전권에 의해 끌려온, 부름을 받은 존재였습니다. 겸손한 왕적 존재를 모시고 그의 수난에의 길로 동행하는 보잘것없지만 필요에 의해 부름받은 존재였습니다.

생각해보면 예수를 주로 고백하는 우리의 모습은 당나귀와 흡사합니다. 인간이 잘났으면 얼마나 잘났습니까? 인간이 배워서 알면 얼마나 많이 알겠습니까? 인간 존재의 위상은 신적인 존재와 관계 속에서 기껏 그분을 등에 태우고 그의 길에 동행하는 당나귀에 지나지 않습니다. 그러나 인간은 가끔씩 착각을 하며 삽니다. 자신이 등에 누군가를 태우고 그의 부름대로 쓰임을 받는 존재라는 사실을 잊고 자신이 인생의 주인공이라는 생각을 하기도 합니다. 나아가서는 등에 태운 주인을 간판 삼아 자신의 유익을 구하기도 하고 그러다가 영광스러운 일에는 자신의 주인을 슬쩍 감추어버리고는 자신만이 그 영광의 주인공인 듯이 우쭐거립니다.

예수가 자신의 주인이라고 고백하면서도, 자신이 그리스도의 종이라고 말하면서도 예수를 인생에 있어서 축복의 도구로 삼거나 예수를 그저 사회 운동의 수단으로, 또한 자아실현의 도구로 삼는 것은 주연 배우 역할을 하겠다는 당나귀의 착각에서 비롯된 것입니다.

예수는 인간의 당나귀가 아닙니다. 인간이 예수의 당나귀인 것입니다. 인간은 아무리 잘났어도 기껏해야 예수의 당나귀이며 아무리 못났어도 최소한 예수의 당나귀입니다.

우리 모두는, 예수의 필요에 따라 우리의 의지와 상관없이 부름을 받고 예수를 등에 태우고 예수를 멍에로 메고 살아가는 당나귀입니다. 우리가 인생의 길에서 환호를 받는다면 그것은 우리의 등에 타고 계신 예수 덕분에 받는 것입니다. 우리가 그리스도인으로서의 삶의 여정에서 곤란을 겪는다면 그것 또한 우리의 등에 타신 예수 때문에 그런 것입니다. 그러고 보면 잘나간다고 우쭐댈 이유는 하나도 없습니다. 마찬가지로 못나간다고 좌절할 이유도 없습니다. 오직 겸손한 모습으로 예수의 길을 묵묵히 따르면 되는 것입니다. 우리가 정작 두려워해야 할 것은 자신이 주인공인 줄 착각하고 우쭐대다가 예수를 땅에 떨어뜨려 곤두박질치게 만드는 경우입니다. 그러고 보면 오늘 우리에게 필요한 것은 그리스도인으로서의 주제 파악입니다.

제가 잘 아는 신부님이 한 분 계십니다. 나무랄 데 없는 성품에 소문난 능력의 소유자입니다. 그 신부님이 맡은 일은 언제나 기대 이상의 결과를 가져왔고 사람들은 친화력이 뛰어나고 진실한 그 신부님을 사랑했습니다. 무엇보다도 그 신부님이 돋보이는 것은 그분이 매우 겸손한 사람이었다는 데 있었습니다.

한번은 그분의 방에 가본 적이 있습니다. 이야기를 나눈 후 방에서 나올 때 저는 방문 앞에 써 붙여놓은 노란색 종이 위의 문구를 읽게 되었습니다. 아마도 매일 방문을 나설 때 읽어보며 다짐하려 했던 말인 듯했습니다. Everything to God—모든 것을 하나님께. 이것이 그분이 지니고 있는 겸손의 비결이었습니다. 당나귀로서의 주제 파악이 그 신부님을 신실한 사제가 되게 한 것이었습니다.

Everything to God. 모든 것을 하나님께. 우리도 이것을 우리 삶의 모토로 삼아보면 어떻겠습니까?

우리의 주인이신 하나님, 앞뒤 가리지 못하고 우쭐대는 저희를 불쌍히 여기소서. 어리석고 교만한 저희를 구원하소서. 오직 당신의 신실한 당나귀로 살게 하소서. 저희의 모습은 가려주시고 당신의 모습만이 온전히 드러나게 하옵소서. 예수님 이름으로 기도드립니다. 아멘.

착하게 살고 싶다

복수를 꿈꾸는 젊은이에게

예수께서 그들 앞에 또 비유를 들어 이르시되 천국은 좋은 씨를 제 밭에 뿌린 사람과 같으니 사람들이 잘 때에 그 원수가 와서 곡식 가운데 가라지를 덧뿌리고 갔더니 싹이 나고 결실할 때에 가라지도 보이거늘 집 주인의 종들이 와서 말하되 주여 밭에 좋은 씨를 뿌리지 아니하였나이까 그런데 가라지가 어디서 생겼나이까 주인이 이르되 원수가 이렇게 하였구나 종들이 말하되 그러면 우리가 가서 이것을 뽑기를 원하시나이까 주인이 이르되 가만 두라 가라지를 뽑다가 곡식까지 뽑을까 염려하노라 둘 다 추수 때까지 함께 자라게 두라 추수 때에 내가 추수꾼들에게 말하기를 가라지는 먼저 거두어 불사르게 단으로 묶고 곡식은 모아 내 곳간에 넣으라 하리라

마태복음 13:24-30

    우리는 인생을 살아가면서 자신이 속해 있는 어떤 집단에서든 그 집단의 구성원들 가운데는 성품이 좋지 않은 사람이 존재하고 있음을 목격하게 됩니다. 초·중·고 학창 시절 여러분은 착한 아이를 괴롭히는 못된 급우를 경험하셨을 것입니다. 이런 괴롭힘은 제3자에게는 그리 대수로운 일이 아닐 수 있지만 막상 그런 일을 당하는 아이에게는 커다란 공포가 아닐 수 없습니다.

    남에게 괴롭힘을 당하는 일은 비단 초·중·고 학생에게만 해당되는 것은 아닙니다. 대학에 재학 중인 여러분 가운데도 그런 경험을 하신 분이 적지 않을 것입니다. 그리고 앞으로 학교를 졸업하고 취업을 하게 되는 경우에도 같은 직장 안에서 마음씨 곱고 유순한 사람을 이용하고 괴롭히는 못된 인간을 경험하시게 될

것입니다.

저는 가끔 이런 상상을 해보곤 합니다. 호전적이고 거칠고 교활한 인간이 모두 제거되어 순하고 착하고 인정 많은 사람만 존재하는 세상을 마음속에 그려봅니다. 만일 그런 세상에 살게 되면 호주머니가 비어 있고 거친 음식을 먹고 남루한 옷을 입어도 삶의 질은 지금보다 훨씬 높아지지 않을까? 이런 상상에 빠져보곤 합니다.

그러나 이런 상상은 그야말로 비현실적인 것입니다. 인류의 역사 가운데 한 번도 마음씨 좋은 사람만 살았던 시간과 공간은 없었고, 앞으로도 그럴 것입니다. 오늘 우리가 함께 읽은《성서》본문은 이런 인간사의 진리를 분명하게 보여주고 있습니다.

오늘의 《성서》 본문은 예수님께서 이야기하신 하나의 비유로 이루어져 있습니다. 복음서를 연구하는 학자는 이 비유를 '곡식과 가라지의 비유' 혹은 '밀과 가라지의 비유'라고 부릅니다. 모든 비유가 그렇듯이 예수님께서 이야기하신 비유들도 상징적인 방식으로 서술되어 있습니다. 그래서 우리는 비유를 이야기하신 예수님께서 원래 가지셨던 의도가 무엇인지를 정확하게 파악하기 어렵습니다.

그런데 이렇게 비유가 상징적인 방식으로 서술되어 있다는 사실이 항상 약점으로만 작용하는 것은 아님을 기억할 필요가 있습니다. 비유는 상징적이라는 특성 때문에 독자로 하여금 원작자의 의도를 파악하기 어렵게 만들지만 동시에 독자의 처지와 상황에 따라 다양하게 해석될 수 있다는 장점을 가지고 있습니다. 이런 장점을 고려해보면 오늘의《성서》본문 뒤에 나오는 '곡식과 가라지의 비유'에 대한 해석은 이 비유에 관해 있을 수 있는 여러 해석 중의 하나로 이해하는 것이 옳을 것입니다.

예수께서 이야기하신 '곡식과 가라지의 비유'가 지니고 있는 상징성으로 인해 현대를 사는 우리는 이 비유를 오늘의 사회 문화적 상황에서 해석할 수 있다고 생각합니다. 그러면 먼저 이 비유에서 나오는 가라지란 어떤 식물을 가리키는 것입니까?

여기서 가라지란 독보리를 가리킵니다. 독보리는 밀과 아주 비슷하여 이삭이 나기 전에는 밀과 구분하기 어렵다고 합니다. 그런데 독보리는 밀과 달리 열매에 독이 있어 열매를 먹을 경우 토하거나 설사를 하거나 현기증을 일으킬 수 있다고 합니다. 그래서 그 당시 이스라엘에서는 밀을 추수할 때가 되면 여자와 아이로 하여금 독보리를 손으로 뽑게 하였다고 합니다.

그렇다면 오늘의《성서》본문에 나오는 가라지와 곡식 혹은 독보리와 밀은 각각 무엇을 상징하는 것이겠습니까? 제 소견으로는 가라지는 악한 사람을, 그리고 곡식은 선한 사람을 상징한다고 생각합니다. 그리고 이때 선하다는 것과 악하다는 것은 종교적인 개념이 아니라 도덕적인 개념이라고 생각합니다.

일반적으로 가라지는 하나님을 믿지 않는 악마의 자녀이고, 곡식은 하나님을 잘 믿는 하나님의 자녀라는 종교적인 해석이 제시되고 있습니다. 물론 이런 해석도 의미 있는 해석임에 분명합니다. 그러나 이런 종교적인 해석이 '곡식과 가라지의 비유'에 관한 유일한 해석이 되어서는 곤란할 것입니다.

이 비유를 현대의 상황에서 자유롭게 해석하기 위해서는 이런 종교적인 해석 방식을 뛰어넘을 필요가 있습니다. 예수님께서 이야기하신 비유의 전체 내용을 아무리 읽어보아도 이 비유의 메시지가 종교적인 차원에만 한정되어야 하는 근거를 찾기는 어렵기 때문입니다. 이런 맥락에서 저는 단순하게 가라지는 못된 사람을, 곡식은 착한 사람을 상징하는 것이라고 생각합니다.

마지막으로 밭은 무엇을 상징하고 있는 것입니까? 밭은 인간 세상을 의미한다고 할 수 있습니다. 그렇다면 이 비유에서 밭에 밀과 가라지가 동시에 자라고 있다는 것은 인간 세상에 착한 사람만 존재할 수 없고, 착한 사람뿐만 아니라 악한 사람도 존재하고 있다는 사실을 상징하고 있는 것이 아니겠습니까?

그렇습니다. 인간 세상이 선하신 하나님에 의해 창조된 것이라고 하더라도 그것이 선할 수만은 없습니다. 인간 사회에는 선한 사람과 악한 사람, 착한 사람과 못된 사람, 순수한 사람과 교활한 사람이 공존하고 있는 것입니다.

그런데 문제는 착한 사람이 악한 사람으로 인해 괴로움과 고통을 당한다는 데 있습니다. 아니, 이보다 더 큰 문제는 착한 사람이

악한 사람에게 시달리면서 자신의 본래 모습을 버리고 악하게 변해간다는 데 있습니다. 착한 사람이 못된 사람에게 자주 당하게 되면 착한 사람은 사악한 인간 세상에서 착하게 사는 것이 어리석고 손해 보는 일이라고 판단하기 쉽습니다. 그래서 착한 사람은 자신의 생활 방식을 바꾸기 쉽습니다. 이런 태도 변경을 자주 하다 보면 착한 사람은 본래의 선한 자아를 완전히 잃어버리고 자신이 이전에 비판하였던 못된 사람의 생활 방식을 그대로 받아들이기 쉽습니다.

그런데 오늘 우리가 함께 읽은 비유의 말씀을 보면 예수님께서는 착한 자가 옳고, 악한 자는 그르다는 사실을 분명하게 말씀하고 계십니다. 그렇다면 처음에 착한 사람이었다고 하더라도 세파에 시달리면서 악한 사람으로 변하게 되면 그 사람 역시 예수님으로부터 옳다 여김을 받을 수 없을 것이라는 사실은 자명해집니다.

동물들이 한 무리를 지어서 살고 있었습니다. 그 무리에는 사나운 동물과 유순한 동물이 섞여 있었습니다. 사나운 짐승과 유순한 짐승이 먹이를 놓고 경쟁을 하는 경우 먹이는 사나운 짐승의 차지가 되었습니다. 그래서 그 무리에는 어떤 싸움도 피하지 않는다는 호전적 이미지가 생존의 큰 무기가 되어버렸습니다. 이런 분위기가 점차로 확대되면서 시간이 갈수록 호전적이고 사나운 짐승의 수가 늘어나는 반면 유순한 짐승의 수는 줄어들게 되었습니다.

그러자 이전에는 경험하지 못한 새로운 문제가 발생하게 되었습니다. 유순한 동물과 손쉽게 경쟁해온 사나운 동물이 이젠 자기들끼리 싸우게 된 것입니다. 생존을 위한 경쟁은 더 치열해지고 더 살벌해졌습니다. 먹이를 얻기 위해서 목숨까지 걸어야만 하였습니다.

그 결과 싸움으로 인한 손해가 먹이의 가치보다 커지는 상황이 자주 전개되었습니다. 호전성의 이익은 작아지고 위험은 커지는 상황이 벌어지게 된 것입니다. 이때부터 사나운 짐승의 수는 더 이상 늘어나지 않았고 그 대신 유순한 짐승의 수가 빠르게 증가하였다고 합니다.

한 경제학자에 따르면 이런 생물학적 현상이 인간 사회에도 그대로 나타날 수 있다고 합니다. 어느 집단에나 유순하고 착해빠진 사람이 있는가 하면 호전적이고 거친 사람이 있습니다. 진실하고 성실한 사람이 있는가 하면 교활하고 뺀질거리는 사람도 있습니다.

단기적인 측면에서 보면 경쟁적이고 교활한 사람이 순하고 성실한 사람을 누르고 늘 실리를 챙기는 것 같아 보입니다. 이 때문에 너도나도 호전적이고 교활한 사람이 되려고 합니다. 그러나 어떤 조직이고 경쟁적인 사람으로 가득 차게 되면 피곤하기 그지없을 것입니다. 또 머리 굴리는 사람만 있으면 일이 제대로 돌아가지 않을 것입니다. 그리고 마침내 경쟁적인 구성원이나 교활한 구성원으로 누릴 수 있는 추가 이익은 점점 제로(0)에 가까워질 것입니다. 그런데 바로 이때부터 그 조직에는 호전적이고 교활한 사람이 줄어들고 반면에 순하고 진실한 사람이 늘어간다는 것입니다.

이렇게 보면 인간 세상을 실질적으로 유지하고 보전하는 존재는 악한 사람이 아니라 착한 사람이라고 할 수 있습니다. 인간 사회가 존속하는 데 진정으로 필요한 존재는 이악스러운 인간이 아니라 손해 볼 줄 아는 인간인 것입니다. 이런 착한 사람이야말로 인간 세계를 든든하게 받치는 기둥이 된다고 할 수 있습니다.

여기 모인 여러분 모두가 계속 선하게 사셨으면 좋겠습니다. 지금 그대로 착하게 살아가십시오. 지금처럼 따뜻한 마음을 품고 살아가십시오. 그리고 가끔은 손해도 보십시오. 때로는 친구와 이웃을 위해, 사회를 위해 희생도 하십시오. 그럴 때 여러분은 공동체와 학교를 지탱하고 세상을 보전하는 사람이 되실 수 있을 것입니다.

여러분 가운데 혹시 너무 순하고 착해빠져 늘 손해만 보며 산다고 자책하시는 분이 계십니까? 제 잇속만 챙기는 사람이 얄미워서 못 견디시는 분이 계십니까? 공은 다른 이가 세웠는데 정작 상은 자신이 가로채는 동료 때문에 분통 터지시는 분이 계십니까? 이유 없이 해코지하는 동료 때문에 너무 억울하십니까? 기어오르는 후배 때문에 기분이 언짢으십니까?

그래서 이제는 교활하게 살아가겠다고 마음먹으셨습니까? 그래서 이제는 이악스럽게 따지면서 살기로 다짐하셨습니까? 그래서 필요할 때는 정도에서 벗어나리라는 마음도 먹으셨습니까? 얄미운 사람에게 보복하려고 하십니까? 건방진 후배에게 선배로서 본때를 보여줄 작정이십니까?

하지만 이 모두가 유혹에서 비롯된 생각입니다. 이런 생각은 그리스도인에게는 합당치 않은 잘못된 것입니다. 한번 생각해보십시오.

착한 사람처럼 세상살이에 위로가 되는 존재가 또 있습니까? 고단한 인생 가운데 선량한 사람처럼 든든한 존재가 또 있습니까? 세상은 악한 사람 덕분이 아니라 선한 사람 덕분에 이만큼이나 유지되는 것이 아닙니까? 세상을 꾸려가는 사람은 교묘한 정치가나 탐욕스러운 부자가 아니라 착하디착한 서민이 아닙니까? 세상을 살맛 나게 하는 것은 인정 넘치는 이웃 덕분이 아니겠습니까? 그래서 한 시인은 이렇게 노래하고 있습니다.

하고 싶은 것도 많았고
이루고 싶은 꿈도 있었고
내 자신의 삶을 폼 나게 살고도 싶었다

그러나 지금은

착하게 살고 싶다

- 이수인, 〈착하게 살고 싶다〉 중에서

　사랑의 하나님, 저희로 삭막한 세상 가운데 따스한 마음을 잃지 않게 하옵소서. 나로 인해 세상 사람이 행복해지는 그런 삶을 살게 하옵소서. 예수님 이름으로 기도드립니다. 아멘.

감
사

우주에 가득한 감사의 조건

여덟 가지 거짓말

우주에 가득한 감사의 조건

모든 것이 불만인 젊은이에게

비록 무화과나무가 무성하지 못하며 포도나무에 열매가 없으며 감람나무에 소출이 없으며 밭에 먹을 것이 없으며 우리에 양이 없으며 외양간에 소가 없을지라도 나는 여호와로 말미암아 즐거워하며 나의 구원의 하나님으로 말미암아 기뻐하리로다

하박국 3:17-18

─────

가을에는 추수 감사절이 있습니다. 한 해 동안 지은 농사의 결실을 거두어들이고 풍성한 수확에 대해 하나님께 감사하는 날이 추수 감사절입니다. 우리는 도시 생활을 하기 때문에, 또 공부하는 학생이기에 한 해의 수확을 감사하는 일에 대해 감을 잡기 어려운 측면이 없지 않습니다. 그러나 농사의 개념을 보다 넓은 의미로 이해하면 우리의 생활 세계에도 농사라는 개념을 적용할 수 있을 것입니다. 우리에게 농사란 실제로 밭을 갈고 씨를 뿌려 거두는 농사라기보다는 학업의 농사 혹은 인생의 농사라고 할 수 있습니다. 따라서 우리의 상황에 맞게 추수 감사의 의미를 재해석해보자면 한 해의 마무리가 시작되는 11월 셋째 주에 우리가 지은 학업의 농사와 인생의 농사의 결실을 하나님께 감사하고 하

나님 앞에서 우리가 이루어놓은 학문과 삶이 지향하는 근본 목적을 반성해보는 것이라고 말할 수 있을 것입니다.

그런데 진정한 의미의 감사를 표현하는 것은 그리 쉬운 일이 아닙니다. 현실을 바라보면 부족한 것과 미진한 것이 너무 많기 때문입니다. 또한 채워지지 않은 욕구로 인해 불만이 폭발하기 직전입니다. 이런 상황에서 감사하라는 말은 괜한 억지같이 느껴집니다. 지극히 의례화된 형식적인 감사로만 느껴집니다. 그래서 마음 깊은 곳으로부터의 감사는 우리와는 먼 거리에 있다고 생각하곤 합니다.

크게 보면 우리가 이렇게 감사와 멀어지게 된 데에는 요즘의 세태가 그 주요 원인으로 작용하고 있습니다. 요즘 우리는 참으로 요란한 시대를 살아가고 있습니다. 모두 자신을 내세우고 자랑하고 있습니다. 자신을 드러내지 않으면 남이 알아주지 않는 세대입니다. 그래서 우리는 자신을 자랑하는 것을 자연스럽게 여기고 있습니다. 과거에는 그렇지 않았습니다. 동서양의 현자들 가운데 자신을 드러내는 것을 미덕으로 간주한 이는 한 명도 없기 때문입니다.

그러나 지금은 시대가 달라졌다고 합니다. 그래서 옛날 성현의 견해는 더 이상 유효하지 않다고 합니다. 과거에는 자신을 숨기는 것이 미덕이었지만 모든 부문이 급변하는 오늘에 와서는 자기를 드러내는 것이 현명한 태도라고 이야기합니다.

그런데 현대인은 종교의 영역에까지 이런 관점을 적용합니다. 그래서 종교를 통해 가시적인 무언가를 얻고 싶어 합니다. 종교적인 신앙을 통해 보이는 부나 건강 혹은 명예를 소유하기를 기대합니다. 만일 이런 기대가 성취되면 자신이 믿고 있는 종교에 만족하면서 감사하지만 이런 기대가 성취되지 않는 경우 자기 종교에 만족하지 못하면서 불평을 늘어놓게 됩니다. 그러나 떠들썩하고 현란한 것이 반드시 진리와 진실에 가까운 것은 아닙니다. 때로 종교적인 진리와 삶의 진실은 조용하고 소박한 것일 수 있습니다.

여러분은 그리스도 교인이든 그렇지 않든 간에 가끔은 신적인 대상을 향해 도움을 청하는 기도를 한 적이 있을 것입니다. 여러분의 이런 기도가 여러분이 기대하는 대로 거창하게 그리고 즉각적으로 이루어진다면 얼마나 기쁘겠습니까? 이런 경우 여러분은 가슴 벅찬 환희를 맛볼 것이며 신에게 수없이 감사를 드릴 것입니다.

그러나 실제 현실에서 우리의 기도가 신의 가시적이고 요란한 도움으로 응답되는 경우는 그리 흔하지 않습니다. 우리의 기도가 이런 방식으로 이루어지지 않을 경우 우리는 곧바로 신이 존재하지 않는다는 섣부른 결론을 내리기 쉽습니다.

그러나 성서를 주의 깊게 읽어보면 성서에 나오는 하나님은 우리 인간을 직접적이고 가시적으로 도와주시기보다는 간접적이고 보이지 않게 도와주시는 존재라는 사실을 알 수 있습니다. 물론 하나님은 문제 상황에 직면한 우리 인간을 빠른 시일 안에 거창한 방식으로 도와주시기도 합니다. 그러나 대개의 경우 하나님은 그런 방식으로 인간을 돕지 않으십니다. 그 이유는 우리 인간을 자율적이고 책임적인 존재로 인정하시기 때문입니다.

이런 이유에서 하나님의 도움은 많은 경우 조용한 방식으로 보이지 않게 전달됩니다. 따라서 우리가 하나님에 대한 신심을 갖기 위해서는 이렇게 은밀한 하나님의 도우심을 깨달을 수 있는 신앙적 감수성을 가져야 합니다. 이런 감수성을 가지지 않으면 우리는 감사의 마음을 품을 수 없습니다.

오늘 우리가 함께 읽은《성서》본문의 말씀은 이스라엘의 예언자 하박국이 부른 감사의 찬양입니다. 사람들은 성서 안에 기록된 감사 노래들 가운데 가장 아름다운 노래라고 평가합니다. 오늘의《성서》본문을 통해 미루어 볼 때 하박국이 처해 있는 상황은 매우 비극적입니다.

무화과나무에 과일이 없고 포도나무에 열매가 없다고 합니다. 올리브나무에서 딸 것이 없고 밭에서 거두어들일 것이 없다고 합니다. 우리에는 양이 없고 외양간에도 소가 없다고 이야기합니다. 하박국이 말하는 상황은 그야말로 빈손에 비유될 수 있습니다. 그래서 하박국에게는 감사할 아무런 외적인 근거가 없습니다. 이런 상황이라면 보통 사람은 자신의 신세를 한탄하고 신을 원망하기 십상입니다.

그러나 예언자 하박국은 달랐습니다. 무화과와 포도가 열리지 않고 올리브나무와 밭에서 거두어들일 것이 없고 기를 양과 소가 없다고 하더라도 하나님 안에서 기뻐하고 하나님께 감사하겠노라고 하박국은 노래합니다.

모든 것이 기대했던 것과는 정반대되는 상황에서 어떻게 하박국은 아름다운 감사의 찬양을 드릴 수 있었을까요? 나무 열매와 가축이 있고 밭의 소출이 있어야만 삶을 연명할 수 있는 상황에서 이 모든 것이 존재하지 않는 처지에 놓이게 된 하박국은 어떻게 하나님께 감사할 수 있었겠습니까?

그 이유는 하박국이 하나님의 은밀한 도우심을 인식할 수 있는 신앙적 감수성을 가졌기 때문일 것입니다. 신앙적 감수성을 가지고 주위를 둘러보면 우리는 우리가 누리고 있는 모든 것에 감사하지 않을 수 없습니다. 우리가 마시는 물과 공기, 우리를 아끼시는 부모님과 형제자매, 비록 피를 나누지 않았지만 우리를 배려해주는 친구, 지친 몸을 편안히 쉴 수 있게 해주는 집, 허기를 달래주는 음식……. 우리가 여유로운 마음을 가지고 주변을 돌아보면 감사의 조건은 그야말로 우주에 가득하다고 할 수 있습니다. 따라서 우리에게 정작 필요한 것은 하나님의 도우심을 분별할 수 있는 신앙의 눈, 신앙적 직관이라고 할 수 있겠습니다.

가령 하나님의 도우심은 이런 것이 아니겠습니까? 하나님의 도움은 쌀쌀한 초겨울 오후, 학생 식당에 한가로이 앉아 있을 때 유리창을 통해 들어오는 따스한 햇볕 같은 것이 아니겠습니까? 하늘의 도움은 쓸쓸한 가을 저녁, 공원 벤치에 홀로 앉아 있을 때 슬며시 곁에 내려앉는 낙엽과 같은 것이 아니겠습니까? 그냥 벤치에 앉아 있을 수밖에 없는 내 곁에 다가와 말없이 앉아 있는 낙엽만큼 고마운 것이 어디 있겠습니까?

우리는 거창하고 요란한 세대의 배후에서 따스한 겨울 햇볕 혹은 벤치의 낙엽과 같이 조용히 우리를 도우시는 하나님의 손길을 인지할 수 있어야 합니다. 우리는 하박국이 그리했던 것처럼 화려하고 자극적인 것을 추구하는 세상의 뒤에서 소리 없이 은밀히 이루어지는 하나님의 배려를 감지할 수 있어야 합니다.

하늘의 도움은 우주에 가득합니다. 그러면서도 하늘의 도움은 이렇게 조용한 것입니다. 하나님의 보살핌은 이렇듯 은밀한 것입니다. 우리는 이런 조용한 도우심에 감격하고 감사할 수 있어야 합니다. 한 해를 돌아보며 감사의 손길을 기억하는 추수 감사절. 오늘은 하늘의 은밀한 도움에 땅의 민감한 감사가 화답하는 아름다운 날입니다.

　은총의 하나님, 주님께서는 올해에도 어김없이 보이지 않는 곳에서 은밀한 방식으로 저희를 눈동자같이 보호해주시고 사랑해주셨습니다. 저희는 크고 요란한 것만을 추구하는 세태에 휩쓸려 주님께서 도우시는 그 무수한 손길을 깨닫지 못하고 불평과 불만의 삶을 살았음을 고백합니다. 하나님께서 저희의 신앙적 감수성을 깨우쳐주셔서, 하나님의 은밀하고 조용한 도우심에 감사하고 감격하는 저희가 되게 하옵소서. 예수님 이름으로 기도드립니다. 아멘.

여덟 가지 거짓말

감사의 마음을 빼앗긴 젊은이에게

비록 무화과나무가 무성하지 못하며 포도나무에 열매가 없으며 감람나무에 소출이 없으며 밭에 먹을 것이 없으며 우리에 양이 없으며 외양간에 소가 없을지라도 나는 여호와로 말미암아 즐거워하며 나의 구원의 하나님으로 말미암아 기뻐하리로다

하박국 3:17-18

여기저기에서 감사하는 삶을 살아야 한다고 이야기합니다. 그러나 우리 인간에게 진정한 감사라는 것은 그리 쉬운 일이 아닙니다. 현실을 바라보면 부족한 것과 미진한 것이 너무 많습니다. 돈이 부족하기도 하고 인간관계가 어긋나기도 하고 공부가 뜻대로 진행되지 않기도 합니다. 이렇게 채워지지 않은 욕구로 인해 불만이 폭발하기 직전입니다. 이런 상황에서 감사하라고 하는 말, 괜한 억지같이 느껴집니다. 형식적으로 지극히 의례화된 입술의 감사로만 느껴집니다. 그래서 마음 깊은 곳으로부터의 감사는 우리와는 먼 거리에 있다고 느끼곤 합니다.

그러면서 우리는 생각합니다. '우리가 삶에 있어서 보다 좋은 조건을 갖추게 된다면 아마 그때 감사할 수 있을 것이다. 그러나

지금은 아직 아니다'라고 말입니다.

아메리카 원주민, 우리가 흔히 인디언이라고 말하는 사람들의 우화에 나오는 이야기를 소개하겠습니다.

내가 부자가 되면 나는 행복해지리라. 내가 유명해지면 나는 행복해지리라. 결혼할 완벽한 사람을 발견하면 나는 행복해지리라. 더 많은 친구를 사귀면 나는 행복해지리라. 내가 더 매력적이라면 나는 행복해지리라. 내가 신체적으로 전혀 단점이 없다면 나는 행복해지리라. 나와 가까운 사람이 죽지 않는다면 나는 행복해지리라. 세상이 좀 더 나은 곳이라면 나는 행복해지리라. 그런데 이 이야기는 사기꾼의 여덟 가지 거짓말이랍니다. 이처럼 내가 어떻게 된다면 나는 행복해질 것이고, 내 삶이 만족스러운 상태에 도달한다면 나는 감사할 수 있을 것이란 말은 애초에 사기성 짙은 거짓말이라는 것입니다. 지금, 여기에서 이 상태 그대로 감사할 줄 모른다면 아무리 좋은 상황에 놓인다 하더라도 결코 행복감을 느끼고 감사할 줄 모른다는 말일 것입니다.

나는 아직 학생이니까, 돈도 없고, 명예도 없고, 멋진 애인도 없고, 더욱이 결혼할 완벽한 사람을 만날 수 있을지도 모르겠고, 친구와의 관계에서도 삐거덕거리고, 거울을 봐도 내겐 별로 매력이 없는 것 같고, 신체적으로는 단점투성이며, 나와 가까운 사람이 죽을지도 모른다는 불안감에서 살아가며, 세상이 좀 더 나아질 것 같지도 않은데 내가 어떻게 행복감을 느끼며, 내가 어떻게 감

사할 수 있을까라고 회의적이 될 수 있을 것입니다. 이러한 마음
상태로는 결코 우리는 감사할 수 없을 것입니다. 그래서 마음 깊
은 곳으로부터의 감사는 우리와 멀다고 생각할 수 있습니다.

그러나 지금 여기에 있는 우리의 상황을 한번 생각해봅시다.
글쎄, 얼마나 가져야 부자일지는 모르겠지만, 따뜻한 잠자리에서
하루의 피곤을 풀 수 있는 방이 있고, 이미 밥값이 치러진 식권이
있어 내가 수고하지 않고도 따뜻한 한 끼 식사를 할 수 있으며,
한국 사회 내에서 그 이름만으로도 뚜렷하게 기득권을 획득한 대
학생이라는 명예를 지니고 있으며, 젊음의 특권과 빼어난 패션
감각으로 신체적 결점을 다 커버할 수 있는 우리인데, 왜 감사할
수 없겠습니까?

그러니 우리가 앞으로 이루어져야 할 조건을 내세우면서 감사
하지 않는다면 우리는 거짓말쟁이가 될 것입니다. 왜냐하면 앞으
로도 우리는 감사하지 않을 것이기 때문입니다.

우리는 우리의 생각을 조심하여야 합니다. 왜냐하면 우리의 생
각은 우리의 말이 되기 때문입니다. 우리가 감사하다는 생각을
하면 우리의 혀는 감사를 말하게 될 것입니다. 그리고 우리의 감
사의 말은 행동으로 나타날 것입니다. 그리고 감사의 행동은 몸
에 배어 습관이 될 것입니다. 우리는 습관을 조심해야 합니다. 투
덜거리는 습관은 성격이 되기 쉽습니다. 그러나 감사의 행동이
습관화되면 우리는 감사하는 성격을 지니게 될 것입니다. 우리는

우리의 성격을 조심하여야 합니다. 왜냐하면 우리의 성격은 자칫 우리의 운명이 되기가 쉽기 때문입니다. 개성이 곧 운명이라고 하지 않습니까? 매사에 감사하는 성격을 지닌 사람은 감사할 일로 가득 찬 인생을 살게 되지 않겠습니까? 반대로 불만과 불평을 머릿속에 떠올리고, 입에 불평을 달고 사는 사람은 행동도 그렇게 하며, 그 행동이 습관이 되어 투덜이라는 별명을 지니게 됩니다. 그리고 이 투덜이의 인생은 계속 투덜거릴 일이 생길 수밖에 없게 됩니다.

그러니 여러분, 감사한 생각을 떠올리고, 그 생각이 말이 되게 하십시오. 나아가 감사의 행동이 되게 하십시오. 감사의 행동이 습관이 되어 우리의 성격으로 내면화되게 해보십시오. 하나님께서 우리의 인생길을 감사로 가득 차게 축복해주실 것입니다.

오늘 우리가 함께 읽은 《성서》 본문의 말씀은 이스라엘의 예언자 하박국이 부른 감사의 찬양입니다. 사람들은 성서 안에 기록된 감사 노래들 가운데 가장 아름다운 노래라고 평가합니다. 오늘의 《성서》 본문을 통해 미루어 볼 때 하박국은 그야말로 빈손 들고 감사를 외치고 있습니다.

무화과나무도 포도나무도 열매를 맺지 못하고, 올리브나무도 밭에서도 아무런 소출이 없다고 합니다. 가축도 없다고 합니다. 하박국이 처한 상황은 그야말로 빈털터리에 비유될 수 있습니다. 감사할 조건이 그에겐 없습니다.

그러나 예언자 하박국은 그러한 악조건조차도 하나님 안에서 기뻐하고 하나님께 감사하겠노라고 노래합니다. 그의 감사의 노래가 우리의 언어가 되었으면 좋겠습니다. 예언자의 신앙을 본받아서 원하는 조건이 갖추어지지 않은 상황 속에서도 감사할 수 있는 우리가 되었으면 좋겠습니다.

하나님께서 이 요구만 들어주신다면, 감사하겠다고 말하는 거짓말쟁이가 되지 않고 지금 여기에서 받은바 축복을 감사하면서 살아가는 우리가 되었으면 좋겠습니다.

한 해의 농사를 마감하며 하나님께 감사하는 계절, 내가 거둔 결실의 풍성함으로 교만하지 않게 하시고, 내가 거둔 결실의 초라함으로 기죽지 않게 하옵소서. 직접 농사를 짓지 않는 도시인도, 아직 공부하는 학생도, 경제적 여건이 여의치 않거나 감사할 것이 없다고 생각하는 이까지도, 오늘 여기에서 감사의 조건을 찾아, 오늘의 감사를 내일로 미루지 않게 하옵소서. 하여 우리가 함께 사는 이 세상의 그 누구도, 감사의 잔치에서 소외당하지 않게 하옵소서. 예수님 이름으로 기도드립니다. 아멘.

II. 단단하게

격
려

다시 시작하는 기쁨

가죽을 벗기는 아픔

억지스러운 그러나 참된

낭떠러지는 없다

길

다시 시작하는 기쁨

이미 실패했다고 생각하는 젊은이에게

그들이 가는 마을에 가까이 가매 예수는 더 가려 하는 것 같이 하시니 그들이 강권하여 이르되 우리와 함께 유하사이다 때가 저물어가고 날이 이미 기울었나이다 하니 이에 그들과 함께 유하러 들어가시니라 그들과 함께 음식 잡수실 때에 떡을 가지사 축사하시고 떼어 그들에게 주시니 그들의 눈이 밝아져 그인 줄 알아 보더니 예수는 그들에게 보이지 아니하시는지라 그들이 서로 말하되 길에서 우리에게 말씀하시고 우리에게 성경을 풀어 주실 때에 우리 속에서 마음이 뜨겁지 아니하더냐 하고 곧 그 때로 일어나 예루살렘에 돌아가 보니 열한 제자 및 그들과 함께 한 자들이 모여 있어 말하기를 주께서 과연 살아나시고 시몬에게 보이셨다 하는지라

누가복음 24:28-34

제가 아는 어떤 사람은 사람을 모으며 일을 기획하고 추진하는 데 탁월한 능력을 가졌습니다. 주변의 이웃과도 잘 지내고 사람의 마음을 기쁘게 해주며 조언도 아끼지 않아 동네 사람들 사이에서 인기가 아주 좋습니다. 한눈에 여성 지도자 재목이라는 생각이 드는 사람입니다. 그러나 그 사람은 직업이 없이 지내는 전업주부입니다.

사람에게는 누구에게나 약점이 한두 가지가 있기 마련입니다만 그 사람에게서는 약점을 거의 발견할 수가 없습니다. 저는 그 사람이 가진 재능을 가정에서만 펼친다는 것이 아깝게 느껴져 한 번은 그 사람과 대화를 나누면서 지금이라도 새로이 집 밖의 일을 시작해보면 어떻겠느냐고 권해보았습니다.

그 사람의 반응은 의외로 냉담했습니다. 자기는 이렇게 살다가 죽을 것이니 내버려두라고 말했습니다. 저는 예상치 못한 그 사람의 반응에 놀라고, 그 순간 그 사람이 이전에 알던 사람과 너무도 다르게 느껴져 제가 큰 실수라도 한 줄 알고 당황하여 어쩔 줄을 몰라 한 적이 있었습니다.

그 사람은 제게 자신이 왜 전업주부로 지내는지에 대해 설명하기 시작하였습니다. 그 사람은 어릴 적부터 동네에서 유명한 신동이었으며, 학교에 다닐 적에는 늘 공부를 잘하는 학생이었습니다. 가족과 주변 사람으로부터 늘 똑똑한 사람으로 인정을 받았으며, 기대를 한 몸에 받고 자라난 사람이었습니다.

그 사람에게는 꼭 이루고 싶은 꿈이 있었습니다. 그 꿈은 허무맹랑한 것이 아니라 그 사람의 능력으로 보자면 어렵지 않게 이룰 수 있는 꿈이었습니다. 그 꿈은 의과대학에 진학하여 의사가 되는 것이었습니다. 그 사람은 의사가 되고 싶었던 것입니다. 그리고 의사가 되는 것이 자기 인생의 최선의 선택이라고 생각했습니다.

그런데 그 사람은 안타깝게도 의과대학에 낙방하여 2지망이었던 다른 학과에 다니게 되었습니다. 그러나 아무리 생각해도 그 꿈을 접을 수 없었던 그 사람은 한 달 만에 입시 학원으로 적을 옮기고 다시 의과대학을 목표로 공부하기 시작했습니다. 그러나 결과는 또다시 낙방이었습니다. 이전보다 높은 점수를 얻었으나 또 2지망에 합격하게 된 것입니다.

그 사람의 능력을 아는 사람 모두는 왜 그 사람이 자꾸 낙방을 하는지 의아해했지만 낙방은 바뀔 수 없는 사실이었습니다. 그 사람은 만족스럽지 않았으나 의사의 꿈을 접고 2지망으로 합격한 학과에서 졸업을 하였습니다. 그 사람은 능력이 있는 사람이었으나 2지망으로 선택한 학과에서는 그다지 큰 두각을 나타내지 못하였습니다.

그럭저럭 학교를 졸업하고 취직을 해볼까, 자격증을 따볼까 여기저기 기웃거려보기는 하였습니다. 그러나 어쩐지 자신이 원하는 길이 아니고 자신의 최선의 선택이 아니라는 생각 때문에 어떤 일이든지 흥미와 의미를 느끼지 못하였다고 합니다. 그래서 다른 일을 찾지 않고, 자신의 모든 재능을 사장한 채 삶을 살아가게 된 것입니다. 그 사람에게 자신의 처음 꿈을 이루지 못한 것은 커다란 아픔이고 깊은 상처였으며 그 상처로 인해 다른 일은 해보고 싶지도 않았던 것입니다.

그 사람에게 의사가 되겠다는 꿈은 최선의 선택이었고 그 최선이 무너진 다음 차선은 존재하지 않는 것이었습니다. 다시 무언가를 시작한다는 것은 엄두도 못 낼 일이었습니다. 그의 마음속에는 이루지 못한 과거의 꿈에 대한 미련과 아픔만이 있었습니다.

우리 주변에는 이렇게 원대한 꿈을 꾸었다가 그 꿈을 이루지 못해서 좌절한 사람이 적지 않습니다. 이런 사람은 능력은 뛰어나지만 무언가를 이루지 못합니다. 하지만 최선이라고 생각하였던 삶의 선택에서 성공을 거두지 못해 어쩔 수 없이 차선을 선택하였다고 하더라도 우리는 의미 있고 보람된 삶을 살 수 있습니다.

만일 앞에서 이야기한 그 사람이 차선으로 선택한 길에 애정과 관심을 가지고 노력하고, 그 길에서 열과 성을 다했더라면 과연 그 사람은 지금 어떤 모습을 보이고 있을까요? 우리 인간에게 완벽하고 만족스러운 삶의 조건은 결코 쉽게 주어지는 것이 아닙니다. 완벽한 삶의 조건을 가질 수 있는 사람은 극히 소수일 것입니다. 대부분의 사람은 만족스럽지 못한 생활 조건에서 살아갈 수밖에 없습니다.

따라서 중요한 것은 열악한 삶의 조건을 이겨내면서 사는 것입니다. 이렇게 보면 최선의 길이 아니요 자신이 이전에 꿈꾸었던 길이 아니라고 해서 좌절하거나 실망하는 것은 옳지 않은 삶의 태도일 것입니다.

오늘 함께 읽은 《성서》 본문의 전후 맥락을 살펴보면 이렇습니다. 예수의 제자들이 자신의 미래와 인생을 걸었던 스승 예수가 십자가에서 비극적인 죽음을 맞이했습니다. 그래서 예수의 제자들은 좌절과 실망에 싸여 있었습니다. 그들은 예수와 함께 꿈꾸었던 새로운 세계에 대한 희망이 예수의 죽음으로 모두 끝장나버렸다고 생각하였습니다. 여러분도 한번 생각하여보십시오. 제자들의 실망이 얼마나 컸겠습니까?

메시아라고 믿었던 스승 예수와 더불어 이루려 했던 자신의 꿈은 몹시 찬란하였습니다. 기대도 컸습니다. 우리의 꿈이 이루어지기만 한다면 세상을 모두 얻은 듯 기쁘게 살아갈 수 있을 것이라고 생각하였습니다.

그러나 믿었던 예수가 십자가에 매달려 비참하고 참혹하게 죽어갔습니다. 그리고 그 스승과 함께 제자들의 희망과 꿈도 죽어갔던 것입니다. 제자들의 꿈이 찬란하였기에 산산조각이 난 꿈은 제자들을 더욱 비참하게 만들었습니다.

꿈을 이루지 못한 제자들은 죽은 사람처럼 무력해졌고 뿔뿔이 흩어져 각자 고향으로 돌아갔습니다. 고향에서 그럭저럭 목숨이나 연명하며 살아가려고 했습니다. 그런데 고향으로 돌아가는 길에서 제자들은 어떤 사람을 만나게 됩니다. 그리고 제자들은 그 사람과 예수의 죽음에 대해서 이야기를 나누게 됩니다. 그 이야기를 나누면서 제자들은 자신들의 삶의 의미와 인생의 목표에 관한 새로운 통찰을 얻게 됩니다.

마침내 제자들은 자신이 무엇을 해야 하는지를 깨닫습니다. 제자들이 인생의 의미와 생의 과제를 깨달았을 때 그들은 자신과 대화를 나누었던 사람이 바로 부활하신 예수라는 사실을 알게 됩니다. 본문의 내용을 보면 제자들이 예수를 알아본 그때에 예수는 이미 그곳에 계시지 않았습니다.

이런 사건이 있은 후 제자들은 발길을 돌려 다시 예루살렘으로 돌아갑니다. 제자들에게 예루살렘이란 어떠한 곳이었습니까? 예루살렘은 예수와 함께 꿈꾸었던 새로운 세상이 예수의 죽음과 더불어 좌초되었던 곳이었습니다. 그러나 예수의 제자들은 부활한 예수를 만나면서 곧바로 일어나 예루살렘으로 돌아갑니다. 절망과 좌절을 안겨다 준 바로 그 자리에서 새롭게 시작하려고 그곳으로 간 것입니다. 부활한 예수를 만난 제자들이 다시 시작하기 위해 예루살렘으로 돌아간 것입니다. 깨어진 꿈 조각들 위에서 희망의 삶을 재건하기 위해서 말입니다.

겨울의 추위가 혹독할 때에는 다시 따뜻한 봄이 온다는 사실, 그리고 메마른 고목이 푸른 잎을 낼 것이라는 사실을 의심하기 쉽습니다. 그러나 봄은 어김없이 우리에게 다가오고 꽃과 푸른 잎을 가져다줍니다. 우리의 삶도 절망으로 끝이 나는 것은 아닙니다. 누구나 그 절망을 딛고 일어서서 다시 시작하는 기쁨을 누릴 수가 있습니다.

이번 주는 그리스도교의 고난 주간이며, 오는 일요일은 부활절입니다. 부활절의 의미는 한마디로 이야기하면 희망입니다. 죽음으로 모든 것이 끝난 것처럼 보이고 좌절의 삶을 살 수 밖에 없는 현실에서 새로운 희망이 싹트고 그 희망의 싹이 역사를 일군다는 의미를 담은 교회의 절기가 부활절입니다. 저는 이 부활절의 의미를 사랑하는 젊은이 여러분과 함께 나누고 싶습니다.

인생에는 크고 작은 시련과 고난이 따르기 마련입니다. 그중에서도 자신이 하고 싶었던 일을 하지 못하는 것은 아마도 가장 큰 고통일 것입니다. 그리고 어쩔 수 없이 자기가 하고 싶었던 일을 접어야 한다는 것도 우리에게 크나큰 좌절을 안겨다 줄 것입니다. 그러나 하고 싶은 일을 접었다고 해서 자신의 인생이 모두 끝났다고 생각하는 것은 금물입니다. 이런 일로 실망하는 것도 잘못된 것입니다.

설령 차선의 길에 서 있다고 하더라도 절망하지 마십시오. 다 끝났다고 생각하지 마십시오. 우리에게 주어진 환경이 최상의 조건과 선택이 아니었다고 인생이 늘 흐린 것만은 아닙니다. 어떤 상황에서도, 어떤 조건 아래에서도 우리는 다시 시작할 수 있습니다. 실망과 좌절을 딛고 다시 시작할 때 우리는 차선을 최선으로 만들어갈 수 있습니다. 우리는 차선의 길에서 최고의 기쁨을 누릴 수 있습니다.

예수의 부활이 우리에게 기쁜 이유는 예수가 죽음을 딛고 일어섰기 때문입니다. 예수가 죽지 않았더라면 예수가 다시 사신 일은 기쁘고 즐거운 일이 될 수 없었을 것입니다. 마찬가지로 우리가 이루지 못한 바로 그 꿈 때문에 죽을 듯한 절망을 살기보다는 다른 선택 속에서 희망을 살아야 합니다. 우리는 가지 못한 길에 대한 미련을 품고 살기보다는 절망의 자리에서 미련을 떨치고 차선의 선택이 최선의 선택이 되도록 하여야 합니다.

부활은 절망하는 인간들 가운데 솟구쳐 오르는 새로운 삶의 가능성입니다. 그래서 부활한 예수를 만난 제자들은 이전에 자신을 절망으로 몰아넣은 그 터전으로 돌아가 새로운 역사를 일구었던 것입니다.

우리가 처음 기회에 실패하여 실의와 낙망 가운데 있다면 우리에게도 부활의 정신은 필요할 것입니다. 부활의 정신을 이어받아 우리의 다른 선택이 우리 인생의 최선의 선택이 되도록 다시 시작하는 기쁨을 누려보면 어떻겠습니까?

고통이나 좌절이 없는 평탄한 삶에는 삶의 강한 희열이 있을 수 없습니다. 그러나 고통과 좌절을 딛고 다시 시작하는 삶에는 벅차오르는 기쁨이 있습니다. 먼 훗날 우리가 가지 않은 길에 대한 미련보다는 우리가 걸어온 길의 기쁨에 대해 이야기하게 되길 바랍니다.

시인 프로스트가 쓴 〈가지 않은 길〉이라는 시가 있습니다.

훗날 훗날에 나는 어디선가
한숨을 쉬며 이야기할 것입니다.
숲 속에 두 갈래 길이 있었다고,
나는 사람이 적게 간 길을 택하였다고,
그리고 그것 때문에 모든 것이 달라졌다고

-프로스트, 〈가지 않은 길〉 중에서

그 시의 끝부분에 저는 이런 한 구절을 첨가하고 싶습니다.

그래서 기쁨을 얻었노라고.
그래서 기쁨을 얻었노라고.

　사랑의 하나님, 처음 기회에 실패하여 주저앉아 있는 저희를 돌아보아주옵소서. 낙망과 좌절 가운데 있는 저희에게 다시 시작할 수 있는 부활의 용기를 주옵소서. 다시 일어서면서 새로운 삶의 환희를 맛보게 하옵소서. 예수님 이름으로 기도드립니다. 아멘.

가죽을 벗기는 아픔

자기 혁신이 필요한 젊은이에게

그러므로 형제들아 내가 하나님의 모든 자비하심으로 너희를 권하노니 너희 몸을 하나님이 기뻐하시는 거룩한 산 제물로 드리라 이는 너희가 드릴 영적 예배니라 너희는 이 세대를 본받지 말고 오직 마음을 새롭게 함으로 변화를 받아 하나님의 선하시고 기뻐하시고 온전하신 뜻이 무엇인지 분별하도록 하라

로마서 12:1-2

인간 사회에 존재하는 모든 단체는 자기 집단이 가능한 한 오래도록 존속되길 원합니다. 더 나아가 자기 집단이 이전의 상태보다 더욱 번성하길 기대합니다. 그럼에도 이런 소원과 기대는 자칫하면 물거품이 되기 쉽습니다. 왜냐하면 적지 않은 단체가 과거의 묵은 습관과 낡은 전통에 얽매여서 변화된 상황에 능동적으로 대응하지 못하고 쇠락하기 때문입니다.

미국의 한 경영학자가 미국 사회에 존재하는 수천 개 기업의 흥망성쇠를 분석하였습니다. 보통 우리는 상식적인 수준에서 규모가 큰 대기업이 계속적으로 생존할 가능성이 높은 반면 규모가 작은 중소기업의 경우는 지속적으로 생존할 가능성이 낮다고 생각합니다. 그러나 이 경영학자의 분석에 따르면 기업이 얼마나

오랫동안 존속하고 성장할 수 있느냐 하는 것은 기업의 규모와 상관이 없다고 합니다.

지금 덩치가 크고 잘나가는 기업이 앞으로도 계속 번성하리라는 보장이 없고 반대로 지금 규모가 작고 경영 실적이 고만고만한 기업이라고 하더라도 지속적으로 성장할 가능성이 없는 것은 아니라는 이야기입니다. 이 경영학자의 분석 결과는 대기업의 생존 확률과 중소기업의 생존 확률은 거의 비슷하다, 이렇게 요약할 수 있겠습니다.

이 미국 경영학자의 주장은 우리나라 기업의 경우에도 그대로 맞아떨어지고 있습니다. 최근 한 연구 기관이 조사한 바에 따르면 40년 전 우리나라의 100대 기업 가운데 지금까지 100대 기업으로 남아 있는 회사는 겨우 열두 개에 불과하다고 합니다. 이런 사실을 놓고 보면 이 경영학자가 내세우는 주장은 미국이라는 하나의 국가를 넘어 보편적인 설득력을 지니고 있는 것 같습니다.

저는 이 경영학자의 주장이 개인의 경우에도 적용될 수 있다고 생각합니다. 이전에 주위로부터 좋은 평가를 받고 빠르게 성공한 사람이라고 하더라도 자신의 변화를 외면하고 과거의 관성을 유지하려고 할 때 계속적으로 발전하기 어려울 것입니다. 따라서 한 개인이 지속적으로 성장하기 위해서는 자기 쇄신, 자기 혁신이 필수적이게 되는 것입니다.

오늘 우리가 함께 읽은《성서》본문도 이런 사실을 분명히 강조하고 있습니다. 종교사적으로 볼 때 가장 완전한 형태의 제사는 자기 자신을 희생 제물로 바치는 것이었습니다. 이른바 자기 몸을 태워 바치는 소신 행위燒身行爲가 이런 제사 형태의 대표적인 예가 될 것입니다.

그런데 오늘 본문 1절에서 사도 바울이 말하는 산 제물이란 사실적인 표현이 아니라 비유적인 표현입니다. 따라서 여기서 말하는 자기 몸을 산 제물로 드린다는 것은 소신 행위 또는 자살 행위와는 다른 것으로 이해하여야 합니다.

오늘 본문에서 자기 몸을 산 제물로 드린다는 것은 신앙적 자기 헌신을 가리킵니다. 보다 자세히 이야기하면 자기 몸을 산 제물로 드린다는 것은 타성적 신앙에서 벗어나 하나님의 뜻에 합당한 헌신의 삶을 사는 것을 의미합니다.

그렇다면 하나님의 뜻에 맞는 헌신의 삶을 살기 위해서 우리 인간들에게 요구되는 자세는 무엇이겠습니까? 이 물음에 대한 바울의 답변이 오늘 본문 2절에 나와 있습니다. 본문 2절에서 바울은 하나님께 철저하게 헌신하기 위해서는 마음을 새롭게 변화해야 한다고 주장하고 있습니다. 단호한 결단을 통해 자기 자신을 새롭게 할 때 우리는 하나님의 뜻에 맞는 삶을 살 수 있다는 것입니다.

그렇습니다. 우리가 삶을 의미 있게 살기 위해서는 자기 쇄신, 자기 혁신이란 과정은 필수적인 것입니다. 이런 사실을 무시하고 우리가 과거의 생활 방식에 안주하게 될 때 우리 자신은 성숙할 수 없게 되는 것입니다.

　새로운 학기를 맞은 지 얼마 되지 않은 것 같은데 우리는 벌써 학기의 중간에 서 있게 되었습니다. 객관적으로 보면 학교에 다닌다는 사실 자체가 그리 새로울 것은 없습니다. 왜냐하면 캠퍼스에서의 생활이란 한 학기 동안 공부하고 두세 달의 방학 기간을 갖고 다시 새 학기를 맞이하는 반복적 생활 외에 다름이 아니기 때문입니다. 6개월을 주기로 해서 반복되는 것이 캠퍼스에서의 삶의 리듬이라는 말씀입니다.

　이렇게 삶이 주기적으로 반복될 때 우리는 나태해지기 쉽고 현실에 안주하기가 쉽게 됩니다. 어차피 돌고 도는 것이 인생이라면 대충 적당하고 무난하게 사는 것이 적절한 삶의 자세라고 생각할 수도 있을 것입니다. 그럭저럭 강의실에 들어가 시간을 때우면서 지내다가 어느 정도 시간이 흐른 뒤에 졸업하면 되지 않겠느냐고 생각하는 젊은이도 있을 것입니다.

　그러나 우리에게 학문을 연마하는 시간은 앞으로의 삶을 결정적으로 좌우할 수 있는 중요한 시기입니다. 이 시기에 새로운 지식을 충분히 습득하고 그에 근거하여 자기 나름의 사유 방식을 획득하지 못한다면 우리는 결코 시대정신을 호흡하며 사는 진취적인 신앙인이 될 수 없을 것입니다. 이 시기에 학문적 도전 정신과 학문적 개방성을 버리고 자신의 주관인 신앙 경험과 보수적인 현실을 내세우면서 과거의 관점만을 고집한다면 우리는 결코 시대를 앞서 가는 신앙인이 될 수 없을 것입니다. 이렇게 보면 지금 우리는 신앙적으로 새롭게 도약하느냐 아니면 과거의 낡고 상투적이고 진부한 상태에 주저앉느냐 하는 갈림길에 서 있다고 할 수 있습니다.

우리가 과거의 상태에 주저앉지 않고 새롭게 도약하기 위해서는 시대의 요구와 복음의 요청에 비추어 지금까지의 우리 자신을 진지하고 비판적으로 성찰할 필요가 있을 것입니다. 그러고 나서 우리 자신을 혁신할 필요가 있을 것입니다.

이제 우리는 밖으로만 향해 있는 우리의 눈을 안으로 돌려 우리 자신을 냉철하게 비판해보아야 할 것입니다. 혹시 우리는 과거에 쌓아올린 자그마한 종교적 성취와 신앙적 경험에 안주하고 있는 것은 아닐까? 우리는 새로운 시대 흐름과 사조에 지나치게 폐쇄적인 것은 아닐까? 우리는 현실주의와 출세주의에 빠져 은연중에 물량주의와 세속주의를 내면화하고 있는 것은 아닐까?

이런 질문들에 답변해가면서 우리 모두는 남의 눈에 있는 티만 볼 것이 아니라 우리 눈 속에 들어 있는 들보를 직시할 수 있는 경지로 나아가야 할 것입니다. 이런 자기반성과 아울러 우리는 자신을 새롭게 쇄신하기 위해 노력해야 할 것입니다.

새롭게 하는 것을 한자로 혁신이라고 합니다. 혁신의 혁은 가죽 혁 자를 가리키는데 가죽 혁 자는 갓 벗긴 가죽을 무두질하는 것을 의미합니다. 이런 의미를 염두에 두면 자기 혁신이란 자신의 가죽을 벗기는 아픔을 감수하지 않고서는 결코 성취될 수 없는 일이라고 말할 수 있습니다. 자기 혁신은 자신을 향하여 칼을 겨눌 만큼 단호하고 철저하지 않으면 결단코 이루어질 수 없는 참으로 힘든 과업인 것입니다.

이렇게 자기 혁신이 성취하기 어려운 작업이라는 것은 우리 인간이 머무르고 있는 관습과 타성이 그만큼 공고하고 끈질기다는 사실을 반증하는 것입니다. 그래서 웬만한 각오나 의지를 가지고서는 구습과 매너리즘에서 탈피하는 것은 불가능하다는 사실을 말해주고 있는 것입니다.

여러분은 솔개라는 새를 아실 것입니다. 솔개는 조류 가운데 가장 오래 사는 새로 알려져 있습니다. 솔개의 수명은 보통 40년이라고 합니다. 그런데 솔개들 가운데 일부는 70년까지도 산다고 합니다. 조류학자에 따르면 솔개가 70년까지 장수하기 위해서는 매우 고통스럽고 중대한 결심을 해야 한다고 합니다.

솔개가 태어나 대략 마흔 살이 되면 발톱이 노화되어 사냥감을 낚아챌 수 없게 됩니다. 부리도 길게 자라 구부러져 가슴에 닿게 됩니다. 깃털도 두껍게 자라기 때문에 날개가 무거워져 하늘로 날아오르기 힘들게 됩니다.

이런 경우 대부분의 솔개는 그냥 죽을 날만을 기다린다고 합니다. 그러나 일부의 솔개는 약 6개월에 걸친 힘든 갱생 과정을 선

택하여 일흔 살까지 장수한다고 합니다. 갱생 과정을 선택한 솔
개는 산 정상으로 날아올라 둥지를 짓고 수행을 시작합니다.

먼저 부리로 바위를 쪼아 낡은 부리를 깨뜨려 새로운 부리가
돋아나도록 합니다. 그런 다음 날카로워진 새 부리로 발톱을 하
나하나 뽑아냅니다. 그래서 새로운 발톱이 돋아나면 이번에는 날
개의 깃털을 뜯어냅니다. 이렇게 반년이 지나 새 깃털이 돋아난
솔개는 새로운 모습으로 다시 태어나 30년의 수명을 더 누린다
고 합니다.

그렇습니다. 솔개와 같이 고통스러운 자기 혁신 과정을 겪지
않고서는 새로운 미래를 열 수 없습니다. 우리도 여기서 예외일
수 없습니다. 자기 가죽을 벗기는 시도를 하지 않는다면 우리는
결코 비상할 수 없습니다. 자기 몸이 부서지는 경험을 하지 않는
다면 우리는 현재의 수준에 머물거나 지금보다 더 쇠락하게 될
것입니다.

정보화와 세계화가 결합되면서 오늘의 세계는 빠르게 변화하
고 있습니다. 이런 사회 경제적 상황에서 과거의 사유 방식과 행
동 양식에 집착하는 것은 바람직하지 않은 삶의 태도입니다. 따
라서 우리는 과거와는 다른 새로운 관점으로 세상을 보고 복음의
새로운 요청에 응답해나가야 할 것입니다.

새로운 신앙적 리더십을 요구하는 오늘의 시대에 보다 능동적
이고 적극적으로 대응하기 위해서 여기 모인 우리는 자기를 새롭

게 하는 모험을 감행해야 하지 않겠습니까? 뼈를 깎는 고통, 가죽을 벗기는 아픔만이 우리를 성숙시키고 발전시킬 수 있는 유일한 길이 아니겠습니까?

우리는 만물이 무르익는 결실의 계절을 보내고 있습니다. 이 성숙의 계절에 여러분은 어떤 각오로 시간을 보내고 계십니까? 여느 때와 마찬가지로 자기 안에 있는 안일함, 게으름, 무기력을 그대로 방관하고만 계십니까? 여전히 자기 내면에 뿌리박힌 관습, 타성, 자기 폐쇄성을 즐기고 계십니까?

21세기는 급격한 사회 변동을 통해 우리에게 새로운 기회를 열어주고 있습니다. 우리는 하나님께서 새로운 시대를 통해 제공하시는 좋은 기회를 선용할 수 있어야 할 것입니다. 그러기 위해서 우리는 무엇보다도 자신을 늘 깨우고 자신을 항상 새롭게 하는 훈련을 감행할 필요가 있습니다.

새로운 시대가 열어주고 있는 기회를 활용하기 위해 우리는 어렵고 힘들더라도 자기 안에 있는 부정적인 모습을 조금씩 깨뜨려 나아가야 할 것입니다. 위험과 동요를 무릅쓰고서라도 새로운 신앙적 자아를 향해 한 걸음 한 걸음 전진해나가야 할 것입니다.

자기 혁신, 자기 갱신. 이 화두를 놓치지 않는 여러분이 되셨으면 하는 기대를 가져봅니다.

만물을 새롭게 하시는 하나님, 저희로 이전의 낡은 생각과 관습을 버리고 자신을 새롭게 혁신하는 그리스도인으로 거듭나게 하옵소서. 그리하여 새로운 시대정신과 대화하며 호흡하는 그리스도인으로 성장하게 하옵소서. 예수 그리스도의 이름으로 기도드립니다. 아멘.

억지스러운 그러나 참된

생의 고난 때문에 우울한 젊은이에게

항상 기뻐하라
데살로니가전서 5:16

　우리 인간들은 모두 문제를 안고 살아갑니다. 어떤 사람은 가정적인 문제를 안고 살아가고, 또 어떤 사람은 인간관계에서 오는 문제를 안고 살아갑니다. 어떤 이는 재정적인 문제와 씨름하며 살아가기도 하고, 또 다른 이는 학업의 문제로 어려움을 겪기도 합니다.

　한 현인이 있었습니다. 그 현인은 상담을 통해 많은 이의 고민과 문제를 해결해주었습니다. 말하자면 고민의 해결사였던 것입니다. 어느 날 한 여인이 그 현인을 찾아왔습니다. 현인 앞에서 여인은 지금까지 살아온 바를 숨김없이 이야기하였습니다. 그녀가 아이를 임신하였을 때 남편이 불의의 사고를 당해 죽었습니다. 다행히 태어난 아이는 사내아이로 건강하고 총명하게 잘 자라났습니다. 그 덕분에 그녀는 남편을 잃은 아픔을 잊고 살 수 있었습니다.

그러던 어느 날 그 아이가 아버지와 마찬가지로 불의의 사고로 죽게 되었습니다. 어머니의 슬픔은 말할 수 없었습니다. 남편을 잃고 혼자 힘으로 아들을 키우면서 그 여인이 겪었던 어려움은 말로 다 표현할 수 없었겠지요. 온갖 고생을 감내하면서도 여인은 아이를 희망 삼아 살아올 수 있었던 것이지요. 그런데 여인의 유일한 희망이며 삶의 의미인 아들이 그녀 곁을 떠나가게 된 것입니다. 한동안 그녀는 식음을 전폐하고 절망 가운데 지냈습니다.

그러던 중 이웃의 소개로 이 현자와 상담을 하게 되었습니다. 여인은 현자에게 사랑하는 아들을 잃은 아픔을 잊게 해달라고 부탁하였습니다. 현자는 여인에게 바가지를 내주며 이런 처방을 내립니다. 온 마을을 돌아다니며 슬픔이 없는 집 일곱을 찾아 한 집에서 쌀을 한 홉씩 얻어 오라고 말입니다. 여인은 거리를 헤매며 온 마을을 돌아다니면서 슬픔이 없는 집을 수소문해봅니다. 그러나 집집마다 근심과 걱정이 있어 슬픔이 없는 집은 한 곳도 찾을 수가 없었습니다. 한 홉의 쌀도 얻을 수가 없었던 것이지요. 여인은 하는 수 없이 빈 바가지를 들고 현인에게 돌아갔습니다. 그리고 고통과 슬픔이 없는 사람은 이 땅 위에 존재하지 않는다는 엄연한 사실을 깨달은 이 여인은, 그 후로 아들을 잃은 쓰라린 고통에서 조금이나마 놓일 수 있었습니다.

이렇게 보면 인간의 실존적 상황은 문제 상황 그 자체라고 할 수 있습니다. 문제를 안고 그 문제를 해결하기 위해 몸부림치면서 살아가는 것—그것이 우리 인간의 삶의 여정이라는 말씀입니다.

그런데 생의 문제를 해결하는 것은 그리 만만한 일은 아닙니다. 이런 문제를 해결하는 데는 많은 시간과 부단한 노력이 필요합니다. 더구나 생의 문제들 가운데에는 오랜 세월 동안 각고의 노력을 기울여도 해결되지 않는 문제들이 더러 있습니다. 이런 이유 때문에 새로운 문제가 우리에게 다가올 때 우리는 걱정을 하게 되고 마음이 우울해집니다. 그리고 그 문제를 극복하는 과정에서 우리는 지치고 실망하게 됩니다. 그래서 어떤 문제를 만나게 되면 우리는 기쁨과 즐거움을 잃게 되기 쉽습니다.

오늘 우리가 함께 읽은 본문은 바울이 데살로니가에 있는 교회에 보내는 편지에 나오는 구절입니다. 바울은 그리스도교를 팔레스타인 주변 세계에까지 널리 전파한 전도자입니다. 전도자 바울은 그리스 북부에 위치한 데살로니가에 있는 그리스도 교인을 권면하기 위해 편지를 씁니다. 데살로니가 교인은 그리스도교를 믿는다는 이유 때문에 유대인과 그리스 사람에게 큰 핍박을 받습니다. 극심한 박해 가운데 있는 데살로니가 그리스도 교인에게 바울은 이렇게 권고합니다. "항상 기뻐하라."

저는 바울의 이러한 권고가 지나치게 억지스럽다고 생각합니다. 문제 상황에 직면해서 고통과 씨름하며 살아가는 사람들에게 '기쁘게 살라'고 권면하는 것은 분명 자연스럽지 못한 억지입니다.

물론 기쁘고 즐거운 마음으로 살면서 삶의 문제들을 해결해나
갈 수 있다면 얼마나 좋겠습니까? 괴롭고 무거운 마음을 가지고
생의 문제들과 대결하는 것보다 즐겁고 유쾌한 심정을 가지고 생
의 문제 상황을 헤쳐 나가는 것이 훨씬 쉽고 능률적일 것입니다.
문제는 우리가 삶의 문제들과 맞닥뜨리게 될 때 그런 마음을 지
닐 수 없다는 데 있습니다. 인생의 문제들 때문에 고민이 되고 괴
로운데 어떻게 즐거운 마음을 가질 수 있겠습니까? 몸과 마음이
고달픈데 어떻게 기뻐할 수 있겠습니까?

오늘의 《성서》 본문에서 기뻐하는 자세를 권면하는 바울의 어
조는 퍽이나 단호합니다. 그는 데살로니가 그리스도 교인을 향해
짧고 강한 어조로 "기뻐하라"라고 명령합니다. 단지 그리스도 교
인이라는 사실 때문에 우리가 상상할 수 없을 만큼 극심한 박해
와 탄압 가운데 살아가고 있는 데살로니가 교인, 투옥과 죽음의
공포 한가운데서 그리스도교를 사수하고 전하고 있는 데살로니
가 교인, 그들을 향해 바울은 기뻐하라고 명령합니다. 바울은 즐
겁지 않은 상황에 처해 있는 초대 그리스도 교인들에게 즐거워하
라고 강제합니다. 괴롭고 힘들더라도 기뻐하려고 노력할 것을 촉
구합니다.

이렇게 보면 바울이 말하는 기쁨은 자연스러운 기쁨이 아닙니
다. 바울이 이야기하는 즐거움은 자연스러운 즐거움이 아닙니다.

그것은 다분히 인위적인 기쁨입니다. 그것은 작위적인 즐거움입니다. 이렇게 보면 바울이 말하는 기쁨은 훈련을 통해 얻어질 수 있는 덕목이라고 할 수 있습니다. 마음의 수련을 무수히 거듭해야만 도달할 수 있는 경지—그것이 기쁨의 경지인 것입니다.

지금 우리들 가운데에도 이러저러한 문제로 힘겹게 살아가는 이가 있을 것입니다. 더러는 삶의 시련에 굴복해서 주저앉고 싶은 사람도 있을 것입니다. 남들은 별 어려움 없이 잘 사는 것 같은데 내 삶의 무게는 왜 이리도 무거운 것일까? 다른 사람들은 일생을 자연스럽게 살아가는데 왜 나는 버거운 하루하루를 살아내야만 하는가? 남들이 원하는 대학이나 혹은 대학원에 합격만 하면 모든 문제가 극복되고 기쁜 마음으로 공부만 하면 될 것 같았는데, 생각보다 기쁘고 즐겁지 않은 이유는 무엇일까? 그러나 인간이 살아가는 데 어찌 아무런 문제가 없을 수가 있겠습니까?

독일에서 학위 논문을 쓰던 때 건강이 많이 나빠진 적이 있었습니다. 건강 회복을 위해 운동을 해야겠다고 마음먹은 저는 기숙사 근처에 있는 공원에서 조깅을 시작했습니다. 깨끗한 공기, 아름다운 들풀, 넓은 대지, 그야말로 조깅을 하기에는 최적의 조건이었습니다. 그런데 조깅을 시작한 지 얼마 되지 않은 어느 날 저는 커다란 개에게 물릴 뻔하였습니다. 그 뒤로 그런 일이 종종 발생하게 되었습니다.

여러분도 잘 아시다시피 유럽 사람은 무척이나 개를 좋아합니다. 그래서 커다란 개도 집 안에서 키우고 길을 다닐 때도 개 줄을 사용하지 않고 풀어놓고 다닙니다. 유럽의 개는 주인의 사랑을 많이 받아서인지 매우 순합니다. 그래서 웬만해서는 짖지도 않습니다. 개 옆에서 누가 뛰어다녀도 짖거나 달려드는 일이 거의 없습니다.

그런데 유독 그 개는 제가 조깅을 하면 달려드는 것이었습니다. 하도 놀라고 이상해서 독일 친구에게 물어보니 마늘 냄새 때문일지도 모르겠다는 추측을 내놓더군요. 독일 사람은 마늘을 무척 싫어해서 마늘을 즐겨 먹는 한국인의 몸에서 나는 마늘 냄새에 불쾌한 반응을 보입니다. 독일 친구의 해석에 의하면 주인이나 주변 사람에게서는 맡아볼 수 없는 마늘 냄새 때문에 저를 지구를 침입한 외계인 정도로 생각하고 달려든다는 것입니다.

그런 일이 잦아지면서 저는 조깅할 때 마음을 졸이는 일이 많아졌습니다. 그래서 조깅을 하면서 가끔 이런 상상을 하곤 하였습니다. 넓고 아름답고, 그리고 개 한 마리도 없는 공원에서 편안한 상태에서 마음껏 달리고 있는 저의 모습을 그려보곤 하였던 것입니다. 그런데 이상하게도 그런 상상을 할 때면 꼭 개들이 달려들더군요.

그렇습니다. 좋은 일만 계속되어 늘 희희낙락하는 것은 우리의 상상 속에서만 가능한 일입니다. 우리에게 다가오는 현실이 좋을 때도 있고 나쁠 때도 있습니다. 좋은 것과 나쁜 것이 번갈아가면서 교대하는 것—이것은 자연스러운 현상입니다. 이것이 세상의 이치입니다. 그러고 보면 정작 중요한 것은 마음먹는 일입니다. 즐거운 마음, 기쁜 마음을 갖는 것입니다.

봄기운이 완연합니다. 더욱이 지금은 그리스도교의 가장 큰 축제인 부활절기입니다. 부활은 생명이 말라비틀어진 십자가 나무에서 새싹이 돋는 것입니다. 부활은 아무도 생각조차 하지 못한 절망의 끝에서 실낱같은 희망을 보는 것입니다. 아무리 애를 써도 변화하지 않을 것 같은 냉혹한 현실에서 변화의 희망을 발견하는 것입니다. 문제투성이 현실에서, 아무리 생각해도 해결책이 없는 엉킨 실타래 같은 현실에서, 그럼에도 불구하고 기쁜 마음을 갖는 것입니다.

부활하신 예수님의 제자들인 우리가 바울이 권고한 것처럼 즐겁게 사는 것을 연습해보면 어떻겠습니까? 기쁨의 덕목을 훈련해보는 것은 어떻겠습니까? 여기 모인 우리 모두가 모든 것에도 불구하고 즐겁게 사는 억지를 부릴 수 있도록 서로가 서로를 독려했으면 하는 바람을 가져봅니다. 억지스럽지만 참된 권고를 서로 나눌 수 있는 우리가 되었으면 좋겠습니다.

사랑과 은총이 가득하신 하나님, 고된 일상생활 가운데서도 저희의 마음을 지켜주셔서, 받은바 은혜에 감사하며 살 수 있게 하옵소서. 오랜 노력 끝에 기대했던 결과를 얻지 못한다 해도, 이해할 수 없는 일들이 나를 괴롭힌다 해도, 포기하거나 좌절하지 않도록 힘과 지혜를 주옵소서. 그리고 한 걸음 나아가 기꺼이 기쁘게 살아가게 하옵소서. 부활하신 예수님 이름으로 기도드립니다. 아멘.

낭떠러지는 없다

절망이 찾아온 젊은이에게

———

사람이 감당할 시험 밖에는 너희가 당한 것이 없나니 오직 하나님은 미쁘사 너희가
감당하지 못할 시험 당함을 허락하지 아니하시고 시험 당할 즈음에 또한 피할 길을
내사 너희로 능히 감당하게 하시느니라

고린도전서 10:13

———

　우리는 살아가면서 많은 사람을 만나게 됩니다. 사람들을 만나
이야기를 나누어보면, 겉보기와는 달리 저마다 사연이 있고, 많은
시련을 겪으면서 살아왔다는 사실에 놀라게 됩니다. 더욱이 시련
을 겪은 경험이 있다고 이야기하는 사람에게서 시련을 당할 만한
특별한 이유를 발견할 수 없다는 사실로 인해 우리는 심한 당혹
감에 빠지게 됩니다. 겉보기에는 지극히 평범하게 보이는 이가 어
찌 그토록 모진 시련의 터널을 통과해왔을까? 이렇게 보면 특별
한 사람만이 기구한 사연의 주인공이 되는 것은 아닌가 봅니다.

　그렇습니다. 지상에 존재하는 모든 인간에게 인생의 시련은 예
외 없이 다가옵니다. 사랑하는 사람과의 헤어짐, 혹은 그들의 죽
음, 시험에서의 낙방, 원하던 목표에 도달하지 못해 얻은 좌절과

방황, 옳지 못한 선택으로 인한 상처, 후회와 죄책감, 경제적 손실, 파산 등이 우는 사자와 같이 사람을 삼키려고 하는 것, 이것이 우리 인간이 처한 실존적 상황입니다.

모두에게 다가오는 인생의 시련이 우리를 더욱 힘겹게 만드는 것은 시련이 예측 불가능하기 때문입니다. 제가 만나 이야기를 나눈 사람들 모두는 자신에게 다가온 힘겨운 삶의 고통을 예측할 수 없었다고 말합니다. 삶은 수학적 계산처럼 정확하게 측량되고 예측되는 것이 아니기 때문이지요. 우리 앞에 다가오는 시련은 예고 없이 불쑥 나타나는 것입니다.

특별한 사람에게만 다가오는 것도 아니요, 예측 가능한 것도 아니라면, 우리 인간에게 시련을 피해 나갈 묘책은 없어 보입니다. 그래서 묘책을 강구하는 것보다 차라리 '인생의 시련은 으레 있는 거니' 하고 담담하게 받아들이는 편이 나을지도 모릅니다.

오늘 《성서》의 본문은 시련에 처해 있는 혹은 처하게 될지도 모를 우리에게 이런 담담한 마음을 갖도록 권면하고 있습니다. 생의 고통 가운데 있을지라도 당황하거나 누구를 원망하지 말고 차분한 마음으로 고통과 대면하라고 권고하고 있습니다. 하나님께서는 인간이 감당할 만한 시련만을 허락하시기 때문이며, 만일 시련이 닥치더라도 그 시련을 이겨낼 길을 마련해주시기 때문이라는 것입니다.

에이브러햄 링컨Abraham Lincoln은 인생을 살면서 적지 않은 시련들을 겪었다고 합니다. 어린 나이에 어머니를 여의었고, 사랑하는 약혼녀를 잃었으며, 사업에 두 번 실패했고, 일곱 번이나 낙선의 고배를 마셔야 했습니다. 대통령이 되기 전 링컨은 선거에서 수차례 낙선한 후에 이런 독백을 남겼다고 하지요. "내가 걷는 길은 험하고 미끄러웠다. 그래서 나는 자꾸만 미끄러져 길바닥 위에 넘어지곤 했다. 그러나 나는 곧 기운을 차리고 내 자신에게 말했다. '괜찮아. 길이 약간 미끄럽긴 해도 낭떠러지는 아니야.'"

사랑하는 젊은이 여러분, 인생길은 본디 미끄러운 법입니다. 그러나 하나님께서는 여러분에게 미끄러운 길에서 다시 일어설 용기를 주십니다. 고통스러운 시련 가운데 있는 여러분에게 희망의 빛을 비추어주실 것입니다. 그렇기에 우리에게 완전한 절망이란 없습니다. 낭떠러지는 존재하지 않습니다. 우리 인생길에 낭떠러지는 없습니다.

길

막다른 골목에서 새롭게 시작하는 젊은이에게

내가 환난 중에 다닐지라도 주께서 나를 살아나게 하시고 주의 손을 펴사 내 원수들의 분노를 막으시며 주의 오른손이 나를 구원하시리이다

시편 138:7

젊은이 여러분은 분주하게 일하느라, 또 공부하느라고 힘들 것입니다. 무엇보다도 앞날에 나는 무엇이 될까를 암중모색하느라 더 힘이 들 것입니다. 아직은 뚜렷하게 '이것이 내 길이다'라는 확신이 서지 않아서, 어떤 때는 '과연 나의 갈 길이 내게 나타날 것인가'를 의심하면서 힘에 겨운 시간을 보내기도 할 것입니다.

100여 년 전 이 땅의 여성에게는 길이 없었습니다. 당시 거의 모든 여성은 감히 길을 낼 엄두조차 내지 못하였습니다. 그러나 한 사람에 의해 길은 시작되었고 이제 많은 여성이 그 길을 오가고 있습니다. 아마도 그 한 사람은 자신의 한 걸음이 이렇게 큰 길이 될 것이라는 사실을 상상조차 하지 못했을 것입니다.

마찬가지로 우리 또한 우리의 한 걸음, 한 걸음이 새로운 길을

내게 될 것이라는 사실을 상상하기 어려울 것입니다. 그러나 그 옛날 선배의 첫 걸음이 한국 역사 속에서 여성의 새 길을 열었듯이 오늘 우리의 발걸음도 후배 여성을 위한 아름다운 길을 열 수 있을 것입니다. 오늘 우리가 쏟는 노력이 한국 여성사에 새로운 길을 내게 될 것입니다.

그러니 지쳤더라도 조금만 더 힘을 내어봅시다. 본래 새로 길을 내는 작업이 그리 만만한 것은 아니지 않습니까? 그럼에도 지난한 몸부림을 통해 열린 길은 많은 이에게 유익을 주지 않습니까? 우리가 흘린 땀 한 방울 한 방울이 새 길을 개척할 것이요, 그 길을 따르는 많은 사람이 그 길에서 삶의 의미를 얻게 될 것입니다.

이번 학기를 끝으로 대학을 떠나는 졸업생 여러분, 캠퍼스 안에서의 생활이 그러했듯이 캠퍼스 밖에서 이어질 인생에 늘 탄탄대로만이 펼쳐지지는 않을 것입니다. 때로 고통스러운 오르막길이 있을 것이고, 때로 편안하고 즐거운 내리막길도 있을 것입니다. 더러는 길이 없는 상황에서 새 길을 개척하면서 앞으로 나아가야 할 경우도 있을 것입니다.

새로운 길을 내는 일은 쉽지 않습니다. 그러나 강하고 담대하십시오. 여러분이 캠퍼스 안에서 새 길을 열었던 경험을 되살려 캠퍼스 밖에서도 새로운 길을 개척할 수 있으리라 확신합니다. 그래도 자신이 생기지 않거든 첫 젊은이가 만들어낸 옛 길을 기억하면서 새 힘을 얻으십시오. 그리고 기억하십시오. 여러분이 나아가게 될 길이 후배에게 희망이 된다는 것을. 새로운 길을 향한 여러분의 출발에 하나님의 은총이 넘치시길 기원합니다.

열심히 공부하고 치열하게 살아온 학생 여러분은 지금껏 하던 대로 여러분의 길을 찾기에 게으르지 않았으면 좋겠습니다. 여러분 앞에 큰 산이 놓인다 해도, 그 산을 넘으면 다시 길이 계속된다는 삶의 비의를 붙들고 계속 희망적으로 살아가면 좋겠습니다. 오늘 읽은 〈시편〉의 말씀처럼 "내가 고난의 길 한복판을 걷는다고 하여도, 주께서 나를 살려주시고, 주의 오른손으로 나를 구원하여 주십니다"라고 고백하면서 말입니다. 하나님께서 여러분과 동행하여 주시길 기원합니다.

가치관
인생관

우리는 그리스도의 편지

선교사를 꿈꾸는 젊은이에게

우리가 다시 자천하기를 시작하겠느냐 우리가 어찌 어떤 사람처럼 추천서를 너희에게 부치거나 혹은 너희에게 받거나 할 필요가 있느냐 너희는 우리의 편지라 우리 마음에 썼고 뭇 사람이 알고 읽는 바라 너희는 우리로 말미암아 나타난 그리스도의 편지니 이는 먹으로 쓴 것이 아니요 오직 살아 계신 하나님의 영으로 쓴 것이며 또 돌판에 쓴 것이 아니요 오직 육의 마음판에 쓴 것이라

고린도후서 3:1-3

단순하게 생각하면 선교란 그리스도교를 믿지 않는 사람에게 하나님의 말씀을 전하는 것이라고 정의할 수 있습니다. 그러나 신학적인 관점에서 보면 선교를 정의하는 것은 그리 만만한 일이 아닙니다. 그래서인지 선교에 대한 정의는 신학자에 따라 매우 다양합니다.

선교학을 연구하는 신학자들 가운데는 선교를 교회가 주체가 되어 복음을 전파하는 것이라고 정의하는 이들도 있습니다. 이와는 달리 선교의 주체는 하나님이시므로 하나님의 주권이 미치는 온 세상의 정치나 인권과 같은 사회 문제를 해결해나가는 것이 선교라고 정의하는 신학자도 있습니다. 또한 교회의 구성원으로서 교회 공동체에 속해 있는 것 자체가 선교이기 때문에 선교가

지속되기 위해서는 출산을 장려해야 한다고 주장하는 신학자도 있습니다.

선교에 관한 이러저러한 신학적 정의가 있습니다만 저 멀리 타국의 선교지에서 희생적으로 봉사하는 선교사의 고된 삶을 생각하면 100가지의 이론적 정의가 모두 부질없는 탁상공론이라는 생각이 듭니다. 그리고 우리 역사에 다가왔던 옛 조상 선교사들이 살아온 삶의 여정을 꼼꼼히 살펴보면 선교에 관한 이러저러한 논의가 선교사의 실제 활동 안에서 하나로 통합되어 있는 것이 아닐까 하는 생각도 듭니다. 100여 년 전, 우리나라를 찾아온 선교사들은 복음을 전파하러 조선 땅에 왔었으나, 와서 보니 그 당시 조선의 사회 상황은 개혁되어야 할 많은 문제를 안고 있었으므로 그들은 이런 사회 문제들을 해결하기 위해 애써 노력했던 것입니다. 또한 그들은 특히 여성의 인권을 회복하려고 여성 교육의 씨를 뿌렸습니다. 그들은 이 땅에서 교회 구성원으로서 살면서 자신들의 자식을 낳아 이 땅의 버려진 아이들과 함께 키우면서 자신들의 선교를 계속했던 것입니다.

선교를 연구하는 신학자가 선교에 대해 이론적으로 이러저러한 이야기를 하는 동안 실제의 선교지에서는 선교에 관한 여러 입장이 하나로 통합되어 사건으로 일어나고 있습니다. 실제로 선교지에 파송된 선교사는 그리스도교의 복음을 전파하면서도 그 사회의 문제를 개혁하는 데에도 힘을 기울이고 있습니다. 따라서 선교는 관념이라기보다는 실제입니다. 선교는 이론이 아니라 삶입니다. 하나님의 인간을 향한 무한한 사랑을 현실 세계에서 입증하는 사건입니다.

선교를 이렇게 실제적으로 이해해보면 선교란 이역만리에 파송된 전도자만을 지칭하는 것은 아닐 것입니다. 자신이 일하고 생활하는 곳에서 하나님의 사랑을 증거하는 사람들 모두가 선교사일 수 있습니다. 여기에 모인 우리도 예외일 수 없습니다. 우리가 하나님의 사랑을 말이나 행위로 드러낸다면 우리 모두는 하나님이 파송하신 선교사가 아닐 수 없습니다.

오늘 우리가 함께 읽은 《성서》 본문을 보면 사도 바울은 고린도 교회의 교인을 향하여 그리스도의 편지라는 칭호를 사용하고 있습니다. 여기서 말하는 그리스도의 편지란 보다 정확하게 표현하자면 그리스도의 추천서라고 할 수 있습니다.

사도 바울이 활동했던 당시 초대 그리스도 교회에서는 선교 여행을 다니는 사람에게 추천서를 써주었다고 합니다. 그 추천서는 원래의 선교 지역을 떠나 다른 지역으로 옮겨 활동할 때 효력이 있었다고 합니다. 사도가 활동 무대를 옮겨 갈 때 활동했던 지역 교회로부터 추천서를 받아 떠났고, 다른 지역에 도착하면 그 추천서를 내보임으로써 사도로 인정받고, 그곳에서 활동하다가 떠날 때 또다시 추천서를 받아 가는 식으로 사도의 선교 활동이 이어졌다고 합니다.

이런 추천서 형식의 편지를 통해 선교 활동을 하는 사람은 이전에 다른 지역 교회에서 활동하였던 사도였다는 것을 인정받을 수 있었던 것입니다. 따라서 오늘 본문에서 이야기하는 편지란 사도의 공적을 그대로 드러내주는 산 증거라고 할 수 있습니다.

오늘의 《성서》 본문에서 바울은 고린도 교회 혹은 교인이 사도로서의 자신의 공적을 분명하게 드러내주는 산 증거라고 이야기합니다. 이런 의미에서 바울은 고린도 교회를 자신의 편지라고 부르고 있습니다. 더 나아가 바울은 자신이 복음을 전하여 이루어진 고린도 교회를 가리켜 그리스도의 편지라고 부르고 있습니다. 그리고 바울은 이 편지가 살아계신 하나님의 영에 의하여 쓰여졌고 돌판이 아니라 마음판에 쓰여졌다는 설명을 덧붙이고 있습니다.

이런 사도 바울의 말씀에 비추어보면 우리 그리스도인은 세상 사람에게 하나님의 사랑과 예수 그리스도의 구원을 증거하는 편지라고 할 수 있습니다. 우리 그리스도인은 세상으로 보내진 그리스도의 편지인 것입니다. 따라서 우리 자신이 어떻게 행하느냐에 따라 세상 사람을 복음으로 인도하는 좋은 추천서로 작용할 수도 있고 반대로 형편없는 추천서가 될 수도 있는 것입니다.

미국 로스앤젤레스에서 버스 여행을 전문으로 하는 관광 회사를 운영하는 한 한국인 사장이 있습니다. 이 회사를 운영하는 사장은 한국인이지만 회사에 고용되어 있는 운전기사들은 모두 과테말라 사람입니다. 처음에 운전기사로 고용된 사람은 저맨이라는 사람이었습니다. 저맨이 운전기사로 채용될 때 한국인 사장은 무척 망설였다고 합니다. 왜냐하면 저맨은 체구가 작고 머리를 짧게 깎아 외모가 전혀 매력적이지 못했기 때문입니다. 그러나 입사해서 보여준 성실한 근무 태도와 상냥함 덕분에 한국인 사장은 그를 매우 흡족하게 생각하였습니다. 그래서 그 사장은 운전기사가 필요할 때마다 저맨에게서 추천을 받았습니다. 그는 자신의 친구를 차례로 추천하였고 그 결과 그 회사의 운전기사들은 모두 과테말라 출신이 된 것입니다. 한 사람의 성실성이 여러 고향 사람을 일터로 이끌었고 나아가 자기 조국의 국민성에 대해서까지 좋은 인상을 심어주게 된 것입니다.

그렇습니다. 성실하게 자신의 자리를 지키는 사람은 다른 이에게 좋은 이미지를 심어줄 수 있습니다. 더 나아가 그런 사람은 그가 속한 공동체에 대한 인상까지도 좋게 만들 수 있는 것입니다. 그리스도의 편지인 우리의 경우도 예외는 아닐 것입니다.

오늘 《성서》 본문에 나오는 바울의 표현을 그대로 사용하면 해외 선교사가 그리스도의 국제 편지라면 국내에 남아 있는 우리는 국내 편지라고 할 수 있습니다. 이렇게 보면 해외에 파송된 선교사나 국내에 남아 있는 우리나 그 본질에 있어서는 차이가 없는 것입니다. 그렇다고 해외 선교사의 힘든 사역이나 고충 그리고 희생을 가벼이 여겨서는 안 될 것입니다. 그와 동시에 이 땅에 남아서 그분들을 후원하는 우리의 신앙 자세를 다듬는 일도 중요하다는 사실을 강조하고 싶습니다.

그리스도를 믿지 않는 사람이 그리스도의 편지인 우리의 삶을 보고 우리의 최종 저자이신 그리스도를 받아들일 수 있을 것인가를 우리는 진지하게 생각해보아야 합니다. 또한 해외에 파송된 선교사를 후원하는 방법이 물질과 기도뿐일까 하는 질문을 던져보아야 할 것입니다.

해외 선교사를 위한 진정한 후원은 우리가 그분들의 삶을 체험하는 일일 것입니다. 그분들이 해외에서 그리스도를 증거하는 최고의 추천서가 되기 위해 살아가는 동안 우리도 국내에서 그리스도의 좋은 추천서로 살아가는 것이 가장 훌륭한 후원이 될 것입니다.

동병상련이라는 말이 있지 않습니까? 감정 이입이라는 말도 있지 않습니까? 해외 선교사나 여기 남아 있는 우리가 같은 체험을 하며 서로의 고충을 이해하면서 하나님의 나라와 의를 위해 선한 경주를 하는 것, 이것이야말로 해외 선교사에 대한 진정한 후원이 될 것입니다.

사랑의 하나님, 저희가 그리스도의 편지임을 늘 기억하게 하옵소서. 저희의 삶을 통하여 많은 이가 복음의 길에 들어설 수 있도록 인도하옵소서. 해외에 파송된 선교사님을 영육 간에 늘 강건하도록 지켜주셔서 그분들이 선교지에서 그리스도의 편지 역할을 잘 수행할 수 있도록 도와주옵소서. 여기에 남아 있는 저희도 그분들과 마찬가지로 그리스도의 편지로서의 사명을 잘 감당할 수 있게 하옵소서. 저희가 기도 가운데 해외 선교사님과 교통하는 역사를 허락하옵소서. 예수님 이름으로 기도드립니다. 아멘.

뜻은 피보다 진하다

새로운 가족상을 꿈꾸는 젊은이에게

그 때에 예수의 어머니와 동생들이 와서 밖에 서서 사람을 보내어 예수를 부르니 무리
가 예수를 둘러 앉았다가 여짜오되 보소서 당신의 어머니와 동생들과 누이들이 밖에
서 찾나이다 대답하시되 누가 내 어머니이며 동생들이냐 하시고 둘러 앉은 자들을 보
시며 이르시되 내 어머니와 내 동생들을 보라 누구든지 하나님의 뜻대로 행하는 자가
내 형제요 자매요 어머니이니라

마가복음 3:31-35

5월은 가정의 달이라고 합니다. 어린이날, 어버이날이 있어서
그런 것 같습니다. 그래서인지 5월은 우리의 주머니 사정이 나빠
지는 달이기도 합니다. 가족에게 선물을 하느라 지출이 늘어난
탓이겠지요. 그러나 가족을 위해서는 자신의 허리띠를 졸라매도
상관없다는 마음에서 가족 사랑이 물씬 풍겨납니다.

가족, 고맙고 감사한 존재입니다. 세상살이에 지치고 상처받았
을 때 가족만큼 위안이 되는 존재는 아마도 세상에 없을 것입니
다. 또한 조건을 따지지 않고 그저 믿어주고 지지해주는 유일한
안식처가 아마 가정일 것입니다. 두말할 것도 없이 우리는 그들
을 사랑하고 돌보아야 합니다. 우리에게 가족 사랑은 몹시 당연
한 것이기에 가족에 대한 헌신과 사랑은 세간의 주목을 받지 않

습니다. 하지만 가족이 아닌 사람을 돌보아준 이는 매스컴의 단골 주인공이 됩니다.

몇 년 전 유명한 연극배우가 미혼모의 아이를 입양한 것이 화제가 되어 신문과 방송에 크게 기사화된 적이 있었습니다. 혈연관계를 중요시하는 우리 사회에서 피 한 방울 나누지 않은 아이를 입양하여 자신의 자식으로 키운다는 것은 용기 있는 일이 아닐 수 없습니다. 물론 이 연극배우 외에도 많은 이가 아이를 입양하였습니다. 그러나 자신의 아이가 입양한 아이라는 사실을 이렇게 널리 알린 경우는 흔치 않은 일입니다.

우리 사회에서 양부모가 아이를 입양할 때 가장 먼저 관심을 갖는 것이 아이의 혈액형이라고 합니다. 어느 누구도 입양한 아이를 떳떳하게 키우지 못합니다. 주변에서 알게 될까 봐, 또한 아이가 자라면서 자신이 입양된 아이라는 사실을 알게 될까 봐 마음 졸이며 살아갑니다. 그래서 입양 사실을 애써 숨기려고 합니다.

하지만 이 연극배우의 경우는 달랐습니다. 그녀의 입양 사실은 본인의 동의 아래서 세간에 널리 알려지게 되었습니다. 이 배우가 자신의 입양 사실을 알린 이유는 다른 사람에게 용기를 주기 위해서라고 했습니다. 혈족을 중시하는 우리 사회에서 피 한 방울 섞이지 않은 아이를 입양하는 것을 두려워하는 사람에게 용기를 주고 싶어서라는 것입니다.

저는 이 연극배우의 인터뷰 기사를 읽으면서 이런 생각이 들었습니다. 과연 혈연만이 가정을 구성할 수 있는 요인일까? 우리 사회가 다른 사회에 비해서 지나치게 혈연을 강조하는 것은 아닐까? 그렇기 때문에 혈연이 아닌 관계는 혈연관계 앞에서 소외감을 느끼게 되는 것 아닐까? 이런 의문들이 머리를 떠나지 않았습니다.

오늘 우리가 함께 읽은 《성서》의 본문은 가정을 혈연 공동체로만 이해하고 있는 우리에게 다른 관점을 제시하고 있습니다.

일생 동안 예수는 병들고 고통당하는 사람과 더불어 살았습니다. 《성서》는 예수가 자신의 활동을 시작하면서 귀신 들린 사람과 병든 사람을 고쳐주었다고 전합니다. 그런데 문제는 예수의 이런 치유 활동을 예수의 가족이 이해하지 못했다는 사실에 있습니다.

예수가 초자연적인 능력을 가지고 보통 사람이 할 수 없는 행동을 하면서 사람들을 몰고 다니자 그의 어머니와 형제자매는 예루살렘 당국자들이 퍼뜨린 소문 그대로 예수가 미쳤다고 생각합니다. 그래서 하루는 예수를 찾아갑니다. 예수를 말로 설득해보고 그래도 안 되면 잡아끌어다가 집에 들어앉히려고 찾아온 것입니다. 그런데 어머니와 형제자매가 자신을 찾아왔다는 이야기를 들은 예수는 함께 있던 무리를 향해 이렇게 반문합니다. 누가 나의 어머니이며 나의 형제자매냐?

그러고는 둘러앉은 무리를 바라보며 그들이 바로 자신의 형제자매이며 어머니라고 말합니다. 예수는 하나님의 뜻대로 사는 자가 자신의 형제자매이며 어머니라고 말하고 있습니다. 이런 모습의 예수는 자칫 자기를 낳아준 어미도 몰라보는 부도덕한 패륜아로 보일런지도 모르겠습니다. 하지만 본문을 차분히 읽어보면 예수의 이러한 행동은 우리에게 가정에 관한 새로운 관점을 제공해 줍니다.

오늘 본문에서 예수는 누가 내 어머니이며 형제자매인가 묻습니다. 이 물음은 예수가 정말 답을 몰라서 던지는 질문이 아닙니다. 이 물음은 전통적인 가정 이해에 대한 예수의 회의를 표현한 것입니다. 예수는 혈연 중심의 가정 이해를 넘어설 것을 설파하고 있습니다. 예수는 또 하나의 새로운 가정의 모델을 제시하고 있는 것입니다.

예수가 제시하는 새로운 가정의 기초는 혈연이 아니고 뜻입니다. 그래서 누구든 하나님의 뜻대로 하는 자는 어머니이고 형제자매라는 것입니다. 같은 뜻을 행하는 사람들 모두가 가족이 될 수 있다는 말입니다. 반면에 아무리 같은 피를 나누었다고 하더라도 같은 뜻을 품고 있지 않다면 가정을 이룰 수 없다는 것입니다. 혈연관계를 통해서만 한 형제, 한 자매가 된다는 것은 예수에게는 낡은 가정 이해입니다.

예수의 이런 자세는 혈연을 숭배하는 우리 사회에 깊은 성찰의 기회를 가져다줍니다. 우리 사회의 혈연 중심주의는 상당한 폐해를 낳고 있습니다. 우리 주위에는 남이야 어떻게 되든 자기 가족만을 생각하는 가족 이기주의가 팽배해 있습니다. 한국 사회의 낮은 입양률은 과거 고아 수출국 세계 제1위라는 불명예를 안겨 주었습니다. 한국인은 기부금을 잘 내지 않습니다. 그래서 많은 사회단체가 재정적인 어려움을 겪고 있습니다. 이렇게 기부 문화가 정착되지 못하는 주된 원인도 혈연 중심주의에 있다고 할 수 있습니다. 가족을 챙기고 나면 기부할 여유가 없다는 것입니다.

그런데 이런 혈연 중심주의는 다른 민족에 대해서는 순혈주의로 나타납니다. 우리나라 사람은 외국인 노동자에게 매우 배타적인 태도를 보입니다. 우리나라 남성과 결혼한 이주 여성에 대해서도 배타적 시선을 거둬들이지 않습니다. 이런 행태들은 모두 순혈주의에서 비롯한 것이겠습니다.

2008년 한국심리학회에서 발표한 한 논문에 따르면 한국인은 다른 인종에 비해 내집단 선호도가 매우 높은 것으로 나타났습니다. 내집단 선호도는 자신이 소속한 인종 집단에 대한 선호 정도를 말합니다. 이 연구는 대학생을 대상으로 이루어졌는데, 연구 결과 한국 대학생은 암묵적으로나 명시적으로나 내집단에 대한 선호가 가장 높고, 동남아인에 대한 선호가 가장 낮은 것으로 나타났습니다.

이 연구 결과는 우리 안에 있는 순혈주의와 그것에 기초하는 우리 사회의 배타성을 여실히 드러내주고 있습니다. 하지만 오늘 한국 사회가 점차 다문화 사회로, 다인종 사회로 변화되고 있는 상황을 직시해볼 때 우리 사회 구성원의 태도는 다문화 사회 속 세계 시민의 모습과는 괴리가 있습니다.

1990년대 초 한중 수교 이후 재중 동포와 중국인의 결혼 이주가 활발히 이루어지고 있습니다. 그리고 1990년대 중반 이후에는 농촌 지역 중심으로 베트남이나 필리핀 출신 외국 여성과의 국제결혼이 꾸준히 증가하고 있습니다. 2008년 말 기준으로 등록된 외국인 수는 85만 4,007명입니다. 이는 우리나라 전체 인구의 약 1.76퍼센트에 해당하는 수치입니다.

우리 학교가 위치한 서대문구만 하더라도 외국인 수는 서대문구 전체 인구의 2.7퍼센트인 9,043명에 이르고 있습니다. 지금은 서대문구 인구의 100명 중 외국인은 3명에 불과합니다. 하지만 우리 한국인이 낮은 출산율을 보이는 반면 결혼한 이주 여성은 상대적으로 높은 출산율을 보이고 있습니다. 따라서 앞으로는 다문화 가정 출신의 대한민국 국민의 비율은 점차 늘어날 것입니다. 그에 따라 우리 사회도 다민족 사회로 나아갈 것입니다.

이러한 우리 사회의 변화를 예견할 때 오늘 《성서》 본문이 우리에게 전달하는 메시지는 매우 의미가 있습니다.

예수가 말씀한 것처럼 같은 뜻을 품는 것이 가정의 진정한 기반인 것입니다. 예수는 단순히 혈연으로만 맺어진 가정은 진정한 가정이 아니라고 말씀합니다. 아무리 한 피를 나누고 있다 하더라도 같은 뜻을 지니고 있지 않다면 바람직한 가정은 아닙니다. 오히려 가치관이 같은 사람, 세계를 바라보는 눈이 같은 사람, 하나의 뜻을 향해 함께 걸어갈 수 있는 사람이 나와 한 가족이 될 수 있다고 예수는 이야기하고 있는 것입니다.

환경을 보전하기 위해 농촌에서 작은 공동체를 이루고 사는 사람들, 가난한 사람을 돕기 위해 구호 단체를 만들고 그곳에서 활동하는 사람들, 이주 여성의 자녀를 24시간 돌보아주는 어린이집에 함께 모여 살며 그 어린이들을 돌보아주시는 수녀님들. 이렇게 하늘의 뜻을 중심으로 모인 사람들이야말로 예수가 의도한 새로운 가정입니다. 이런 새로운 가정 이해에 기초해서 우리는 자기 안에 있는 혈연 중심주의를 다시금 성찰해보아야 할 것입니다.

이제 지하철에서 마주치는 이주 노동자, 필리핀과 우즈베키스탄에서 시집온 결혼 이주 여성 모두가 하나님의 한 자녀이고, 세계의 평화와 인류의 행복을 소원하는 한뜻을 지닌 사람입니다. 우리와 더불어 한 가족을 이룰 수 있는 사람입니다.

지역마다 설립된 다문화가정지원센터에서 만나는 이도 이런 고귀한 마음을 지닌 우리의 자매입니다.

베트남에서 온 딘티튀, 1987년생, 고국에서 법학을 공부하고 싶었지만 가난해서 대학에 진학할 수 없었고 새로운 삶의 기회를 얻고자 한국에 오게 되었다고 합니다. 아버지뻘 되는 남편과 병든 시어머니를 모시고, 어린 자녀와 함께 산골 오지에서 살아가고 있습니다.

필리핀에서 온 로나, 1984년생, 전처가 난 3남매를 둔 남편과 결혼해서 당시 임신 중이었습니다. 서툰 한국어로 괜찮다고 하면서도 자꾸 눈물을 흘렸습니다. 부모를 일찍 여의고 할머니와 함께 살았는데, 필리핀에 계신 할머니가 너무 보고 싶다고 했습니다.

베트남에서 온 쩡띠미, 대소변을 가리지 못하는 시어머니를 돌보며 옹색한 살림을 꾸려가고 있습니다. 모두 모두 우리의 소중한 이웃입니다. 우리의 사랑스러운 가족입니다.

흔히 피는 물보다 진하다고 합니다. 하지만 피보다 더 진한 것이 있습니다. 그것은 《성서》가 전하는 뜻입니다. 피부색이 다르고, 언어가 다르고, 삶의 방식이 다르더라도 세계의 평화와 인류의 행복을 원하는 한 모두가 한 형제, 한 자매, 한 가족입니다. 이제 우리는 다문화 가정을 보다 따뜻한 눈으로 바라보고 그들과 더불어 살아가야 할 것입니다.

가정의 달에 우리 모두가 예수의 새로운 가정 이해를 묵상하면서 우리 사회에 뿌리내리고 살아가야 할 다문화 가정의 고충을 함께 고민해주는 좋은 이웃이 되었으면 하는 마음 간절합니다. 우리나라에 이주해온 이가 피부색과 출신 지역과 언어에 관계없이 하나님의 자녀로서 존중되었으면 좋겠습니다. 다문화 가정의 자녀가 아빠 나라의 말과 문화뿐만 아니라, 엄마 나라의 말과 문화도 익히면서 당당한 우리 사회의 구성원으로 자라났으면 하는

기대를 가져봅니다.

　사랑의 하나님, 팔이 안으로 굽는다는 이치를 핑계로 타인에 대해 너무 배타적으로 대해왔던 것은 아닌지 되돌아봅니다. 한없이 옹졸한 저희로 우리 안에 있는 혈연 중심주의를 반성하게 하시고 이웃과 가족에 대한 생각이 새로워지게 하옵소서. 우리 안에 뿌리박힌 순혈주의에서 벗어나 먼 나라에서 행복한 삶을 찾아온 이주 노동자, 베트남과 필리핀에서 온 결혼 이주 여성을 마음으로 받아들이면서 그들의 좋은 이웃과 가족으로 살아가게 하옵소서.

　예수님 이름으로 기도드립니다. 아멘.

행복에 이르는 또 다른 길

삶의 만족을 느끼고 싶은 젊은이에게

은을 사랑하는 자는 은으로 만족하지 못하고 풍요를 사랑하는 자는 소득으로 만족하지 아니하나니 이것도 헛되도다 재산이 많아지면 먹는 자들도 많아지나니 그 소유주들은 눈으로 보는 것 외에 무엇이 유익하랴 노동자는 먹는 것이 많든지 적든지 잠을 달게 자거니와 부자는 그 부요함 때문에 자지 못하느니라

전도서 5:10-12

인생의 목표가 무엇이냐는 물음에 대해 사람들은 다양한 답변을 제시하고 있습니다. 어떤 이는 큰 권력을 얻는 것이라고 하고 다른 사람은 명예를 지니는 것이라고 하고 또 다른 이는 멋진 외모를 구비하는 것이라고 대답합니다. 그런데 크게 보면 이런 권력, 명예 그리고 외모와 같은 가치들은 모두 행복이라는 더 높은 가치로 포괄될 수 있습니다.

세상에 사는 모든 사람은 행복을 추구합니다. 그 누구도 자신이 불행해지는 것을 원하지는 않을 것입니다. 취향이나 스타일이 독특한 별난 사람도 예외는 아닐 것입니다. 그런 점에서 행복은 남녀노소, 빈부귀천, 동서고금을 막론하고 보편적으로 추구되는 가치라고 할 수 있습니다.

요즘 제 또래의 사람들을 만나면 모두 돈 버는 이야기만 합니다. 누가 무슨 장사를 해서 얼마를 벌었느니, 누가 강남에 아파트를 사서 아파트값이 천정부지로 치솟아 돈을 벌었다느니, 누구는 무리하게 아파트를 구입했다가 하우스 푸어가 되었다느니 하는 이야기로 열을 올립니다. 저같이 지금껏 공부만 해온 사람에게는 아주 먼 나라의 이야기로만 들립니다. 그래도 저는 돈 이야기를 하는 사람들이 모두 돈 버는 것을 인생의 궁극적 목적으로 삼고 있다고는 생각하지 않습니다. 이런 이들에게도 돈은 수단이지 인생의 최종적인 목적은 아닐 거라는 생각을 합니다. 돈에 집착하는 사람들도 인생의 궁극적인 목적을 행복에 두고 그 행복을 실현하기 위해 돈을 버는 것이라고 생각합니다. 이렇듯 모든 인간은 행복을 자신의 궁극적 목표로 삼는다는 데 공통점이 있다고 할 수 있습니다.

행복에 이르는 구체적인 방법은 다양할 수 있습니다. 그러나 크게 보면 행복에 이르는 길은 두 가지가 있다고 생각합니다. 자신의 욕구를 충족할 수 있는 대상의 양을 늘리는 것이 하나의 방법이고, 욕구의 양 자체를 줄이는 것이 또 하나의 방법이라고 할 수 있습니다. 이것을 수학적으로 표현해보면 행복은 욕구의 양분의 욕구 충족 대상의 양이라는 등식이 나오게 되겠습니다. 어떤 경제학자는 이런 등식을 행복은 욕망분의 소비라고 표현하기도 합니다. 이런 행복 등식에 근거해보면 행복이란 욕구 충족 대상

의 양 혹은 소비 능력에 비례하고, 욕구의 양 혹은 욕망의 크기에
반비례한다고 할 수 있습니다.

흔히 사람들은 막연하게 무언가를 많이 가지고 있어야 행복하
다고 생각하는 경향이 있습니다. 돈을 많이 가질수록, 지위가 높
을수록, 외모가 출중할수록 행복할 수 있다고 생각합니다. 욕구
를 충족할 수 있는 대상을 많이 가지고 있는 사람이 그런 대상을
적게 가지고 있는 사람보다 행복할 가능성이 더 높다는 사실을
저도 인정합니다.

그러나 욕구 충족 대상을 늘리는 것만이 행복의 유일한 길이라
고 생각하지는 않습니다. 행복 감정은 분자, 곧 욕구 충족의 대상
을 늘리는 방법을 통해서도 생겨날 수 있지만 분모, 곧 욕구의 양
을 줄이는 방법을 통해서도 유지될 수 있기 때문입니다. 분명 많
이 갖지는 못했어도 욕구의 크기 자체를 줄일 수 있는 사람은 행
복할 수 있습니다.

오늘 우리가 함께 읽은 《성서》 본문은 구약 성서 〈전도서〉라는
책에 나와 있는 구절입니다. 〈전도서〉는 〈잠언서〉와 함께 《성서》
에 나오는 대표적인 지혜서에 속합니다. 그래서 〈전도서〉에는 시
대와 문화와 인종을 넘어서서 모든 인간에게 유익한 삶의 깊은
지혜가 많이 담겨 있습니다. 이런 〈전도서〉가 오늘의 본문을 통
해 우리에게 욕망의 크기를 줄이면서 행복에 이르는 길을 권면하
고 있습니다.

오늘 〈전도서〉 기자는 자신의 욕망을 충족할 수 있는 대상을 늘리면서 행복을 추구하는 사람을 비판합니다. 구체적으로 돈을 많이 벌어 행복해지려는 것은 헛되다고 일갈합니다. 〈전도서〉 기자에 따르면 돈 버는 일에 집착하는 것이 어리석은 까닭은 두 가지라고 합니다. 첫째는 돈을 벌면 벌수록 돈에 대한 욕망도 비례적으로 확대되기 때문이라는 것입니다. 둘째는 돈을 많이 벌면 그만큼 먹여 살릴 사람이 많아져서 번 것이 다 자기 재산으로 축적되지 않기 때문이라는 것입니다. 제가 보기에 이 두 가지 이유 가운데 첫 번째 이유가 더 결정적인 것으로 보입니다.

욕망을 충족할 대상이 커지면 커질수록 욕망 자체도 늘어나기 마련입니다. 그래서 욕망을 늘리면서 행복을 추구하는 길은 겉으로는 대단해 보이지만 정작 당사자에게는 허망한 것이 되기 쉽습니다.

얼마 전 미국의 유명한 심리학 전문지에서 '진정한 행복은 무엇인가'라는 주제를 특집으로 다룬 적이 있습니다. 그런데 이 잡지는 우리의 상식과는 다른 의외의 조사 결과를 제시하고 있습니다. 이에 따르면 돈, 멋진 외모, 젊음, 좋은 머리가 행복에서 차지하는 비중은 10~15퍼센트에 불과하다는 것입니다.

물론 찢어지게 가난한 사람에게 돈은 경제적 고난으로부터 벗어나게 해줄 수 있습니다. 그러나 소득이 어느 수준에 이르면 행복감에는 별반 차이가 없다고 합니다. 돈이 많을수록 생활은 편해질 수는 있지만 그것에 비례해서 행복해지지는 않는다는 것입니다. 이 잡지는 그 경계선을 연봉 4만 달러, 우리 돈으로 4,000만 원으로 잡고 있습니다.

또 머리가 좋거나 일류 대학을 나온 것도 행복에는 별로 기여하지 못하는 것으로 나타났습니다. 우수한 인재가 남보다 더 나은 지위를 얻을 수 있는 것은 분명합니다. 하지만 머리나 학력이 뛰어날수록 그에 비례하여 기대 수준도 높아지기 때문에 불만과 좌절을 느끼기 쉽다고 합니다. 빼어난 외모나 젊음의 경우도 마찬가지라고 합니다.

그렇다면 행복을 안겨주는 것은 도대체 무엇이겠습니까? 이 잡지는 우선 자부심을 꼽고 있습니다. 자부심이 강한 사람은 자신을 긍정적으로 생각하기 마련입니다. 그래서 이런 사람은 역경에 처했을 때 심리적 충격을 덜 받는다는 것입니다. 약간의 자기도취도 주관적인 행복감을 높이는 데 효과적이라고 합니다.

그다음으로 유머 감각을 꼽고 있습니다. 유머를 즐기는 사람은 사태를 심각하게 생각하지 않고 생각의 전환을 빨리할 수 있다는 것입니다. 게다가 다른 사람을 잘 웃기고 스스로도 잘 웃기 때문에 매사에 긍정적인 태도를 보이기 마련이라는 것입니다.

이 잡지는 적극적인 여가 활동과 자원봉사 활동도 행복의 중요한 변수로 간주하고 있습니다. 여기서 말하는 여가 활동이란 그냥 한가로이 보내는 시간을 뜻하는 것은 아닙니다. 무엇인가 취미를 갖고 다른 이와 어울리는 것을 말합니다. 자원봉사도 여가 활동과 비슷한 수준의 만족감을 가져다준다고 이 잡지는 보고하고 있습니다.

특별히 이 잡지는 끝 부분에 중요한 메시지를 던지고 있습니다. 그것은 평생 한두 번 경험할까 말까 하는 터질 것 같은 성취감보다는 일상생활에서 자주 느끼는 작은 만족감이 행복 증진에 더 효과적이라는 사실입니다. 한마디로 행복해지기 위해서는 큰 것을 이루기보다 작은 것에 만족하라는 것입니다.

이 잡지의 결론은 오늘 우리가 함께 읽은 〈전도서〉 본문의 메시지와 크게 다르지 않습니다. 욕망을 충족하는 과정에서 욕망이 다시 커진다는 것―이것이 문제의 핵심입니다. 이것이 사실이라면 욕망을 만족하게 하는 대상을 많이 획득해서 도달하는 행복은 신기루일 뿐 진정한 의미의 행복이 아니라는 결론이 나오게 됩니다.

옛날 어느 나라의 왕이 황금을 좋아했습니다. 그래서 어디든 황금이 묻혀 있을 것 같은 장소는 산이든 들이든 바다든 가리지 않고 파헤쳤습니다. 그러던 어느 날 그 왕은 길을 지나가다 동냥 그릇을 앞에 놓고 구걸하는 걸인을 보게 되었습니다. 그 왕은 다가가서 물었습니다. 그 동냥 그릇을 채우면 네가 행복하겠느냐고 말입니다. 그러자 걸인은 사람의 욕심은 끝이 없다고 대답하였습니다.

그러자 왕은 걸인이 자신의 재정 능력을 우습게 보는 것 같아

보란 듯이 동냥 그릇에 자신의 황금을 가져다 넣어주었습니다. 그런데 그 동냥 그릇은 보기에는 작았지만 넣어도 넣어도 끝없이 황금을 빨아들이고 있었습니다. 그 기이한 동냥 그릇에 놀란 왕이 걸인에게 그 사연을 물었습니다. "제가 말씀드리지 않았습니까? 인간의 욕심은 한도 끝도 없다고." 그러면서 걸인은 그 동냥 그릇에 얽힌 사연을 이야기하였습니다.

그 동냥 그릇은 어느 욕심 많은 부자의 해골이었습니다. 욕심을 부린 나머지 자신이 탄 배가 바다에 빠지는 줄도 모르고 배에 계속해서 황금을 싣다가 결국 자신의 배와 함께 침몰하여 자신을 수장한 부자의 해골이라는 것이었습니다. 걸인은 그 해골이 해안가로 밀려와서 그것을 주워 동냥 그릇으로 쓰고 있다고 설명했습니다. 이 해골에 대한 걸인의 설명을 들은 왕은 몹시 언짢았습니다. 훗날 자신의 해골이 황금을 집어삼키는 또 하나의 기괴한 해골이 되지 않을까 두려웠기 때문입니다.

이 이야기는 인간의 욕심이 매우 질긴 것이라는 사실, 그리고 인간의 욕망이 적당한 수준에서 멈출 수 있는 것이 아니라는 사실에 대해 우리의 주의를 환기하고 있습니다. 채우고 나면 또 다른 욕망이 물밀 듯이 밀려와 자리를 차지하고 다시금 만족감과 행복감으로부터 저만큼 멀어지게 하는 것이 바로 인간의 욕망인 것입니다.

이렇게 보면 우리는 참된 행복감을 맛보기 위해서 욕구 충족 대상이 아닌 자신의 욕구 자체를 문제 삼아야 할 것입니다. 이런 맥락에서 인생의 진정한 의미와 참된 진리를 추구했던 종교인은 예외 없이 자기 욕구의 양을 늘리기보다는 그것을 줄이면서 행복에 이르는 길을 선호하였던 것입니다. 그렇기에 대부분의 종교에서는 욕망을 충족하기보다 욕망을 줄임으로써 인간이 원하는 이상적인 상태, 즉 행복에 도달할 수 있다고 가르치는 것이 아닙니까?

젊은이 여러분, 지금 행복하십니까? 만일 행복하지 않다면 여러분이 가진 것이 없어서가 아닙니다. 여러분의 꿈이 작아서 행복하지 않은 것이 아닙니다. 여러분의 욕심이 너무 커서 행복감을 느끼지 못하는 것이 아니겠습니까?

이제 여러분은 무엇인가를 욕구하고 그 욕구가 채워지게 되면 행복하게 되리라는 관성의 갑옷을 벗어버리고 행복에 이르는 다른 길을 진지하게 고려해보아야 할 것입니다. 여러분의 생활 여건에 대하여 불평하기 전에, 여러분의 꿈을 무한대로 키워가기 전에, 먼저 주어진 작은 것에 만족할 수 있어야 합니다. 그래야 행복한 삶을 영위할 수 있습니다.

욕망은 충족하면 할수록 더 커지기 마련입니다. 그래서 우리가 지금의 상태에 만족하지 못한다면 우리는 앞으로도 행복할 가능성이 높지 않게 됩니다. 남의 조건과 비교하지 않고 주관을 세우면서 지금의 상황에 감사할 때 행복은 소리 없이 우리를 찾아올 것입니다. 욕망의 주머니를 비우면 비울수록 우리의 삶은 행복감으로 충일하게 될 것입니다.

욕망과 불평의 시대에 행복에 이르는 또 다른 길에 대해 성찰할 수 있는 젊은이 여러분이 되었으면 하는 마음 간절합니다.

은혜의 하나님, 늘 남과 비교하고 자신의 상황에 만족하지 못해 왔던 저희를 되돌아봅니다. 주님의 영으로 저희를 새롭게 하시어 주어진 상황에 늘 감사하는 마음을 갖게 하옵소서. 그리하여 저희로 참으로 행복한 삶을 영위하게 하옵소서. 예수님 이름으로 기도드립니다. 아멘.

참 나로 살기

내 멋대로 살고 싶은 젊은이에게

아담이 이르되 하나님이 주셔서 나와 함께 있게 하신 여자 그가 그 나무 열매를 내게
주므로 내가 먹었나이다 여호와 하나님이 여자에게 이르시되 네가 어찌하여 이렇게
하였느냐 여자가 이르되 뱀이 나를 꾀므로 내가 먹었나이다

창세기 3:12-13

가을이 거의 끝나가고 있습니다. 언제 한파가 닥쳐 겨울 외투
가 필요할지 모릅니다. 겨울 채비들은 하셨는지요? 어그 부츠를
살까, 가죽 부츠를 마련할까, 둘 다 사기에는 돈이 부족하고, 또
오늘 점심에는 무엇을 먹을까, 날이 쌀쌀하니 국물이 있는 음식
을 먹을까 아니면 그냥 삼각 김밥으로 때울까? 오늘도 선택과 결
정의 기로에서 이럴까 저럴까 골치가 아프지요? 더 나아가 장래
의 안정된 생활을 위하여 부모님의 권고대로 고시 준비에 들어가
야 할지, 아니면 앞길이 보장되지 않지만 내가 원하는 일을 하는
것이 좋을지, 판단하고 결정해야 할 일들이 눈앞에 쌓여 있어 맘
에 부담이 큽니다. 하루라도 이런 결정에서 놓일 수 있다면 얼마
나 좋을까 생각도 해봅니다.

아담과 하와의 이야기는 그리스도 교인은 물론이고 비그리스도 교인에게도 잘 알려진 성서의 이야기입니다. 인간이 왜 수고해야만 먹고살 수 있는지, 여성이 왜 고통스러운 출산의 과정을 거치며 살아가게 되었는지에 대해 의미 있는 답변을 담고 있습니다.

인간은 본래 낙원에서 살았는데, 신이 금지한 열매를 따 먹는 죄를 짓게 되어, 그 결과 벌을 받고 낙원에서 쫓겨나게 되었다는 이야기입니다. 낙원에서 쫓겨난 아담과 하와는 에덴의 동쪽에 살면서 곡식을 가꾸기 위해 밭을 갈고 땀 흘려 수고해야 했고, 출산의 아픔과 고통을 겪으며 살도록 운명 지어졌다는 것입니다. 분명 처음부터 뭔가 잘못되어가고 있었으며, 그 결과 인간은 괴로움과 고통 속에 살게 되었다는 것입니다.

그런데 무엇이 잘못된 것일까요? 어떤 행동이, 어떤 욕심이 이런 엄청난 결과를 가져오게 했을까요? 이 이야기는 상징적으로 답변하고 있을 뿐 우리에게 명확한 답을 주지는 않습니다. 그래서 사람들은 무엇이 잘못된 것인지, 무엇이 죄인지에 대해 수없이 많은 해석을 시도해왔습니다. 도대체 인간의 죄가 무엇인지에 대해 여러 가지 해석이 있지만 이 가운데 제게 설득력이 있어 보이는 것은 세 가지입니다.

첫째는 아담과 하와가 에덴동산에서 쫓겨나게 된 것이 불순종 때문이라고 보는 해석입니다. 하나님이 내려주신 명령과 규율과 법규를 어긴 것이 인간의 죄라는 입장입니다.

둘째는 아담과 하와가 에덴동산에서 쫓겨나게 된 것이 교만 때문이라고 보는 해석입니다. 두 번째 해석은 하나님께 불순종했다는 점에서는 첫 번째 해석과 동일하지만, 불순종의 원인을 교만에 두는 것입니다. 인간에게는 하나님처럼 되고 싶은 욕망이 있고, 주어진 것보다 더 나아지려는 욕망이 있는데 이것이 바로 교만이자 죄라는 것입니다. 여기서 교만이란 말에는, 인간이 하나님께 속한 영역을 넘본다는 뜻과, 또 인간이 자기중심적으로 생각한다는 뜻이 담겨 있습니다.

셋째는 두 번째 해석과는 거의 반대되는 개념입니다. 교만의 반대로서의 나태함이 바로 인간의 죄라는 것입니다. 여기서 나태함이란 게으름을 말하는 것이 아니고 내 문제를 남에게 맡겼다는 것을 뜻합니다. 〈창세기〉 3장에 보면 아담과 하와는 뱀의 꼬임에 빠져 금단의 열매를 먹게 되었는데, 사실 여부를 확인하는 하나님께 아담은 하와를 핑계 대고, 하와는 뱀을 핑계 댑니다. 아담과 하와는 자신의 운명을 결국 뱀에게 맡겼던 것이지요. 세 번째 해석에서는 내가 내 삶을 어떻게 살아갈 것이냐 하는 문제의 해결을 찾기 위해 인간이 아무 비판 없이 뱀의 의견, 남의 의견을 받아들였다는 사실을 강조합니다. 세 번째 해석에서 인간의 죄는 타율성을 가리킵니다. 인간의 죄가 다른 사람의 의견에 따라 사는 것임을 강조합니다.

저는 이 가운데 세 번째 해석이 가장 설득력 있다고 생각합니다. 죄를 타율성으로 이해하는 관점은 하나님의 뜻대로 사는 것이 신앙인의 참된 도리라고 여겨지는 그리스도교의 상황에선 낯선 해석일 수 있습니다. 남과 더불어 같이 살아가는 공동 사회 생활에서 나태해져 타율성에 젖게 된다는 것이 죄로 여겨질 만큼 문제가 되는 것인가 의문이 들기도 합니다. 경우에 따라서 자기 주장을 삼가고 부모나 타인의 의사에 따라 사는 것이 동양적인 겸양과 희생의 덕을 갖춘 사람의 모습으로 비칠 수 있습니다. 또 홀로 살 수 없는 나약한 인간이 무언가에 의지하며 그 영향 아래서 살아가는 것도 자연스러운 현상일 수 있다는 생각도 듭니다.

문제는 오늘의 우리가 타인에게 전적으로 의존하며 살고 있을 뿐만 아니라, 자신의 의사나 의향조차 없다는 데 있습니다. 세상의 흐름에 대해 비판적인 사고를 할 수 없다는 데 있습니다. 바로 이런 점에서 타율성이 인간의 죄라는 세 번째 해석이 오늘 우리의 모습을 되돌아보게 만듭니다.

몇 해 전 한 학생과 대화를 나눈 적이 있습니다. 대화 과정에서 저는 크게 충격을 받았습니다. 그 학생은 공부를 아주 잘하는 학생이었습니다. 게다가 영어까지 아주 잘했습니다. 능력 면에서 보자면 남부러울 것이 없었습니다. 그 학생은 학부를 졸업하고 임시직으로 일하고 있었습니다. 하루는 제게 이런 부탁을 했습니다. "선생님, 저는 앞으로 뭘 해야 할지 모르겠습니다. 선생님은 학교에 계시고 또 외국 경험도 있으니, 전망이 밝은 분야에 대해 조언을 해주세요." 저는 그 학생에게 물었습니다. "뭘 하고 싶은데?" 그 학생은 이렇게 대답했습니다. "전 하고 싶은 게 특별히 없으니, 전망만 좋으면 돼요." 그때 전 흥분하면서 그 학생에게 자율적으로 사고하고 자신의 미래는 자기가 결정할 일이라는 설교를 늘어놓았던 것 같습니다. 그런데 그 학생이 제 말을 다 듣고 난 다음 한 말이 목사인 저를 좌절시켰습니다. "저 그냥 타율적으로 살고 싶어요. 제 인생을 누가 모두 결정해주면 좋겠어요. 그러면 편할 것 같아요. 지금껏 그렇게 살았는데 취미 생활도, 학원도, 전공도, 엄마가 하라는 대로 하고 살아서 대학까지 졸업했는데, 엄마가 더 이상은 조언해줄 수 없대요. 잘 모르시겠대요. 저더러 알아보고 결정하라시는데, 지금껏 한 번도 제가 무엇을 결정해본 적이 없어서 잘 모르겠어요. 뭘 좋아하는지, 뭘 하고 싶은 것인지, 뭘 하면서 살면 되는 건지 생각해보려니까 골치만 아파요. 귀찮아요. 선생님이 하나 정해주세요."

타율적 삶의 전형이었습니다. 이 학생의 경우 자신의 자율적인 삶을 방해하는 요인이 다름 아닌 부모님의 사랑이라는 점에 주목할 필요가 있습니다. 어느 부모님이든 자녀를 사랑합니다. 그래서 안타까운 마음으로 자식 잘되길 바랍니다. 부모 세대의 시도와 실패를 거울삼아 인생의 노하우를 몽땅 전수하고 싶은 마음에서 자식이 좀 더 편하고 안락한 삶을 누리게 하고 싶은 열망으로 자식을 위해 모든 것을 다 해주려고 합니다. 그러면서 부모 세대는 자식을 타율적인 인간으로 전락시키는 오류를 범하게 됩니다. 부모의 이성과 판단과 재력에 자녀를 종속시키는 우를 범하는 것입니다. 하루아침에 자율성을 갖출 수는 없습니다. 계속 타율적으로 살아오다가 대학을 졸업한 후 어느 날 갑자기 자율적인 인간이 되는 것은 아닙니다. 타율에 길든 채 자라난 사람이 어느 날 갑자기 이제부터는 자율적으로 살겠노라고 공언한다고 해서 저절로 자율적인 삶을 영위할 수 있는 것도 아닙니다. 상당한 시간에 걸쳐 꾸준히 훈련해야만 가능한 행동 양식인 것입니다.

우리 옛말에 "엄마 말을 잘 들으면 자다가도 떡이 생긴다"는 말이 있습니다. 틀리지 않습니다. 제 경험을 보더라도 대부분의 어머니는 현명하고 예지력이 있어 자식의 앞날을 잘 인도할 수 있습니다.

그럼에도 저는 여러분이 부모님의 영향권으로부터 벗어나 자율적으로 사고하고 판단하고 행동할 수 있으면 좋겠습니다. 이유는 두 가지입니다. 첫째는 타율적으로 행동하든 자율적으로 행동하든 결국 자기 인생에 대한 책임은 자신이 져야 하기 때문입니다. 우리의 인생에 커다란 영향력을 미치는 그 어떤 것도 우리를 책임져주지 못합니다. 어차피 인간에게는 자신이 짊어져야 할 자신만의 인생의 무게가 있습니다. 그러니 누군가로부터 보상을 기대하지 말고, 자신이 자기 삶의 주인이 되어 판단하고 자신의 의지대로 행동하고 책임지는 것이 마땅합니다. 부모님은 여러분의 인생을 책임져주지 못합니다. 대부분의 경우 우리는 부모님을 여의고 한참을 더 살아가게 되니까요. 그때에는 어차피 자신의 인생을 책임져야 하니 애초부터 자신의 인생을 자신의 판단과 결정에 따라 자율적으로 사는 것이 더 좋습니다.

둘째는 여러분이 부모님보다 앞으로 30년 후의 상황을 훨씬 더 잘 전망할 수 있기 때문입니다. 어린 시절, 초·중·고등학교를 다닐 때 부모님이 여러분을 잘 이끌어주셔서 이제 대학에까지 오게 되었습니다. 대학에 들어온 이상 부모님이 더 이상 여러분의 앞날을 인도해주실 수 없습니다. 제가 여러분의 부모님을 비하해서 이런 말을 하는 것은 아닙니다. 세상은 늘 바뀝니다. 정보화와 세계화로 인해 오늘의 세계는 더욱 빠르게 변모하고 있습니다. 이런 세상에서 부모님의 감각은 여러분의 감각보다 떨어질 수밖에 없습니다. 여러분의 안목이 부모님의 안목보다 탁월합니다. 여러분의 판단이, 여러분의 앞날을 예측하는 능력이 부모님의 판단과 능력보다 훨씬 더 낫습니다. 그러니 여러분은 이제 자율적으로 판단하고 자신의 의지대로 행동해야 합니다.

나태란 말은 우리의 정신적 허약함을 잘 드러내줍니다. 나태란 고통과 책임을 감수해나가길 회피하는 인간의 나약함을 뜻합니다. 나태는 자신의 고유한 인간성을 완성하길 포기하는 것입니다. 나태란 '나무늘보'라는 동물, 나뭇가지에 할 일 없이 매달려 있기를 좋아하는 매력 없는 동물에 붙여진 이름입니다.

참된 자기가 되는 것에 대한 절망적인 거부가 진정한 죄라고 키르케고르Søren Aabye Kierkegaard는 말합니다. 사람은 자기 고유의 주체성을 선택해야 하며 다른 사람의 기대에 맞추어 살아서는 안 됩니다. 나태한 인간은 자기 자신의 존재를 원하지도 않고 자기가 근본적으로 무엇이 될 것인지를 바라지도 않는 존재입니다.

인간이 된다는 것은 자신이 인격적으로, 사회적으로, 문화적으로 주도권을 지니는 것입니다. 인간이 된다는 것은 단순히 남이 나에게 지원해주는 것을 맹목적으로 받아들이는 것이 아니라 내가 어떤 존재가 되겠다는 것을 결단하는 것입니다.

젊은이 여러분, 인간의 행위 중에서 감각적 충동 또는 타인의 의향에 따라 이루어진 행위를 타율적 행위라고 부릅니다. 반대로, 자신의 의지 또는 이성에 따라 이루어진 행위를 자율적 행위라고 합니다. 타율은 예속과 통하며, 자율은 자유의 실현과 같습니다. 타율에 지배당하는 것은 누군가의 종노릇하는 것입니다.

《성서》는 우리에게 자유인답게 살라고 권고합니다. 여러분 삶의 주인은 바로 여러분 자신입니다. 어느 경우에도 자신을 타자화하지 마십시오. 남이 하자는 대로 이끌려가는 삶을 살지 말고, 여러분의 의지대로 판단하고 행동하길 바랍니다. 남이 달려간다고 해서 따라 뛰지 말아야 합니다. 대세라고 하는 것에 속지 않아야 합니다. 찬찬히 들여다보고 자신의 판단과 의지대로 행동하는 것이 중요합니다. 자율적으로 사는 삶이 주인으로 사는 삶입니다.

여러분에게 주어진 삶을 뱀에게 맡겨두지 말아야 합니다.

독일 언어학자 빌헬름 폰 훔볼트Karl Wilhelm Humboldt는 인간의 자유로운 선택으로부터 나오지 않았거나 명령과 지시의 결과일 뿐인 모든 것은, 인간의 존재 속에 스며들지 않고 진정한 본질 바깥에 머물 뿐이라고 역설했습니다. 타율적인 인간은 소외될 수밖에 없음을 지적한 말입니다. 자율적으로 사는 것은 불편하고 고통이 따르는 일일지도 모릅니다. 하지만 그것은 참으로 가치 있는 일입니다. 우리를 더욱 인간답게 만드는 일입니다. 그러니 우리 삶의 진정한 주인이 되기 위해 용기를 내어봅시다. 본래의 자기로 돌아가려고 애쓰고 분투하는 여러분에게 하늘의 위로와 격려가 함께하길 기원합니다.

우리를 새롭게 하시는 하나님, 20년 이상을 살아왔지만 저희의 삶이 진정 자율적인 삶이었는지를 돌아봅니다. 저희로 참 나를 찾고 참 나로 살아갈 수 있도록 은총을 베풀어주옵소서. 저희에게 자유의 영을 불어넣어주셔서 자율적으로 판단하고 자율적으로 행동하는 참 자유인이 되게 하옵소서. 예수님 이름으로 기도드립니다. 아멘

그리스도인의 인생관

참 그리스도인으로 살고 싶은 젊은이에게

네가 이 세대에서 부한 자들을 명하여 마음을 높이지 말고 정함이 없는 재물에 소망을 두지 말고 오직 우리에게 모든 것을 후히 주사 누리게 하시는 하나님께 두며 선을 행하고 선한 사업을 많이 하고 나누어 주기를 좋아하며 너그러운 자가 되게 하라 이것이 장래에 자기를 위하여 좋은 터를 쌓아 참된 생명을 취하는 것이니라

디모데전서 6:17-19

오늘 우리가 함께 읽은 《성서》 본문은 본래 부자를 향한 윤리적인 권면을 담고 있습니다. 여기 모인 우리가 모두 부자이기 때문에 이 본문을 선택한 것은 아닙니다. 그보다는 이 본문의 말씀이 부자뿐만 아니라 오늘을 살아가는 모든 사람에게 적용될 수 있다고 판단했기 때문입니다.

오늘은 이 《성서》 본문의 말씀에 근거하여 대학 새내기 여러분이 대학 생활 가운데 해야 할 일이 무엇인가를 생각하여보고자 합니다. 이 시기에 꼭 배워야 할 것은 무엇보다도 인생관을 확립하는 일이라고 생각합니다.

무엇을 위하여 살 것인가? 일생 동안 추구해야 할 인생의 최종 목표는 무엇인가? 어떤 삶을 살 것인가? 대학 생활을 통해 이런

질문들에 대해 숙고하고 답변을 마련하기 위해 애써 노력하는 일이 중요합니다. 이런 노력을 통해서 앞으로 이어질 인생의 전체적인 윤곽을 잡을 수 있을 것입니다. 이런 인생관을 확립하고 난후에 앞으로 어떤 직업을 갖고 살아갈 것이냐의 문제를 고민하는 것이 순서일 것입니다.

그런데 그리스도인은 어떤 인생관을 소유해야 하는가? 그리스도인이 인생관을 정립함에 있어 고려해야 할 사항은 무엇인가? 오늘 우리가 함께 읽은《성서》본문은 이런 물음에 대해 나름의 지침들을 제시하고 있습니다. 이런 지침들은 크게 세 가지로 요약될 수 있습니다.

첫째, 오늘의《성서》본문은 우리에게 재물에 소망을 두지 말라고 권고하고 있습니다. 이 권면을 보다 일반화해서 설명한다면, 세상의 지배적 가치에 대해 객관적이고 비판적으로 성찰할 수 있어야 한다는 의미가 될 것입니다. 우리가 목격하고 있는 바와 같이 돈의 위력은 대단합니다. 그래서 돈이나 부富는 많은 이에게 동경의 대상이 되고 있습니다.

주위를 둘러보면 실제로 삶의 많은 문제가 돈으로 해결될 수 있음을 쉽게 목격할 수 있습니다. 돈이면 안 되는 일이 없는 세상이 된 것입니다. 이런 현실 앞에서 돈의 힘을 굳이 부정할 필요는 없습니다. 그렇다고 해서 돈이나 부의 축적을 인생의 목표로 삼을 이유도 없습니다. 돈은 단지 인생을 풍요롭고 편리하게 만드는 수단에 불과하기 때문입니다.

만약 우리가 자신의 욕망을 조절할 수 있다면 부와 같은 세상의 지배적인 가치를 상대화할 수 있을 것입니다. 과거와 비교해 볼 때 요즘 우리 사회에서는 밥 먹고 사는 문제가 상당 정도 해결되었음을 인정하지 않을 수 없습니다. 단적으로 외국인 노동자의 유입이 이런 사실을 증명하고 있습니다. 시쳇말로 뭘 해서라도 먹고사는 것은 가능한 사회가 되었습니다.

그런데 문제는 사람들이 이제 와서는 조금 더 편하고 조금 더 여유롭고 조금 더 화려하게 살고 싶어 한다는 데 있습니다. 좀 더 편하고 여유롭고 화려하게 살고 싶은 것은 욕심임에 분명합니다. 이런 욕심에서 벗어나지 못하면 우리는 늘 재물을 숭배하며 살아가게 될 것입니다. 따라서 자신의 욕망을 줄여 자신이 가진 것이나 현재의 처지에 만족하는 삶의 태도를 갖는 일이 중요합니다.

그런데 욕망이나 욕심을 줄이는 것은 그리 쉬운 일이 아닙니다. 매스 미디어를 통해 쏟아져 나오는 상품 광고들, 그리고 그 광고들에 말려들어 상품을 구매하는 수많은 사람이 만들어내는 소비문화를 거스른다는 것, 말처럼 쉬운 일은 결코 아닙니다. 따라서 욕망을 제어하고 다스리기 위해서는 강한 의지가 필요합니다. 하나님을 믿는 그리스도인은 이러한 강한 의지를 하나님께 구해야 할 것입니다. 그러면 신실하신 그분께서 우리에게 욕망을 제어할 수 있는 강한 의지를 주실 것입니다. 그래서 욕망을 줄이게 되면 우리는 세상을 객관적으로 볼 수 있게 될 것입니다. 그리고 우리가 세상을 객관적으로 볼 수 있을 때 세상의 지배적 가치인 재물에 대해서도 객관적인 입장에 설 수 있을 것입니다. 이렇게 될 때 우리는 재물에 대한 집착에서 벗어나 인생의 참된 가치를 추구하게 될 것입니다.

둘째로 오늘의《성서》본문은 우리에게 선한 일을 행하고 선한 사업에 참여하라고 권면하고 있습니다. 이런 권면을 보다 확대해서 해석하자면 그리스도인으로서 사회적 책임을 다하라는 권고로 이해할 수 있습니다.

우리가 재물을 상대화하여 재물에 거리를 두게 되면 우리는 자연스럽게 의미 있는 일, 가치 있는 일에 관심을 갖게 됩니다. 이런 의미 있고 가치 있는 일을 오늘의《성서》본문은 선한 일 혹은 선한 사업이라고 가르쳐줍니다.

그러면 선한 일 혹은 선한 사업이란 어떤 일을 말하는 것일까요? 이에 대해 다양한 답변이 가능할 것입니다. 그런데 이 질문에 대한 답을 제시함에 있어 그리스도인이 반드시 염두에 두어야 할 사항이 있습니다. 그것은 과연 내가 선하다고 생각하는 일이 사회 구조 안에서 공공의 선을 실현하는 일에 기여할 수 있는가를 먼저 따져봐야 한다는 것입니다. 이것은 곧 그리스도인으로서 사회적 책임을 묻는 것이라고 할 수 있습니다.

그리스도교에서 말하는 그리스도인이란 혼자서 혼자만을 위하여 살아가는 존재가 아닙니다. 그리스도인은 사회라는 거대한 공동체 안에서 다른 사회 구성원과 함께 살아가는 존재입니다. 하나님의 몸 된 세계 안에서 살아가는 지체로서의 그리스도인은 다른 지체와 유기적으로 결합되어 있는 존재라는 뜻이지요. 따라서 우리 그리스도인은 자신이 하는 일이 세계에 어떤 영향을 미치는지 늘 숙고하면서 자신에게만 유익한 일을 하기보다는 다른 이와 전체 사회에 도움이 되는 일을 해야 하는 것입니다.

셋째, 오늘의 《성서》 본문은 우리에게 나눠주기를 좋아하며 동정하는 자가 되라고 권고하고 있습니다. 이는 다른 말로 하면 뜨거운 가슴을 지닌 인간미 넘치는 사람이 되어야 한다는 말씀입니다.

세상을 살아가면서 다른 무엇보다도 중요한 것이 인간관계입니다. 아무리 중요한 가치나 이념이라 하더라도 사람보다 더 중요한 것은 없습니다. 이런 의미에서 예수께서도 다른 무엇보다 사람의 중요성을 일깨우셨던 것입니다. 그러므로 무슨 일을 하든 간에 사람을 중요하게 대하는 자세가 필요합니다.

사람을 중요하게 여기며 살아가는 방법에는 여러 가지가 있겠지만 그 가운데 결정적인 것은 사람에게 무엇인가를 나누어주는 것입니다. 여기서 사람에게 나눠주는 그 무엇이란 물질만을 의미하지 않습니다. 모두가 시간에 쫓겨 바쁘게 살아가는 일상 속에서 나의 시간을 나누어주고, 또한 대화를 통하여 자신의 인생관, 가치관 그리고 신앙을 나누는 것은 참으로 귀한 일이 아닐 수 없습니다.

또한 이웃의 사정을 헤아려 그를 동정하는 것 역시 사람을 중요하게 여기며 살아가는 방법 중 하나입니다. 사랑은 이성적이거나 합리적인 무엇이 아닙니다. 그것은 감성적이고 감정적입니다. 그래서 사랑은 다른 사람을 측은히 여기는 마음에서 시작합니다. 신약 성서 여러 곳에서 인간을 무한히 사랑하셨던 예수께서 자기를 따라다녔던 사람들을 측은히 여기셨다고 보도하고 있는 이유입니다. 이렇듯 동정은 다른 이를 사랑하고 그와 연대할 수 있는 기초가 됩니다.

우리가 이런 세 가지 삶의 태도를 취하게 될 때 미래에 참된 생명을 얻을 것이라고 오늘의 《성서》 본문은 약속하고 있습니다. 여러분이 이러한 삶의 자세를 취하게 될 때 그것은 여러분의 인생관 형성에 좋은 밑거름이 될 것이며, 마침내 참된 생명을 얻게 될 것입니다. 부디 깊이 있고 단단하고 건강한 인생관을 형성하여 성숙한 그리스도인 그리고 성숙한 인간으로 성장하는 여러분이 되시길 바랍니다.

의로운 바보

간호사를 꿈꾸는 젊은이에게

삼가 이 작은 자 중의 하나도 업신여기지 말라 너희에게 말하노니 그들의 천사들이 하늘에서 하늘에 계신 내 아버지의 얼굴을 항상 뵈옵느니라 너희 생각에는 어떠하냐 만일 어떤 사람이 양 백 마리가 있는데 그 중의 하나가 길을 잃었으면 그 아흔아홉 마리를 산에 두고 가서 길 잃은 양을 찾지 않겠느냐 진실로 너희에게 이르노니 만일 찾으면 길을 잃지 아니한 아흔아홉 마리보다 이것을 더 기뻐하리라 이와 같이 이 작은 자 중의 하나라도 잃는 것은 하늘에 계신 너희 아버지의 뜻이 아니니라

마태복음 18:10-14

철도원 김행균 씨를 아십니까?

지난해 영등포역에서 어린아이의 생명을 구하고, 대신 열차에 치어 두 다리를 잃은 사람입니다. 간혹 김행균 씨와 같은 의로운 사람의 이야기가 언론에 보도되고 있어 우리 사회에 의로운 사람이 많은 것 같지만 전체 인구수에 비하면 의로운 사람의 수는 매우 적습니다. 실제로 우리가 살고 있는 세상을 들여다보면 대부분의 사람은 자신과 가족의 평안만을 위하여 살고 있다는 사실을 쉽게 확인할 수 있습니다. 그런 가운데서도 아주 극소수의 사람은 자신의 재산이나 생명을 이웃을 위해 아낌없이 내어놓습니다. 그래서 우리는 이런 사람을 '의로운 사람' 혹은 '아름다운 사람'이라고 부르곤 합니다.

그러나 지극히 현실적인 눈으로 보면, 이런 아름다운 사람의 태도는 그리 합리적이라는 평가를 받기 어려울 것입니다. 김행균 씨의 경우만 보더라도 나이 40대 초반의 가장이 다리를 잃고 평생 장애인으로 살아가야 될 처지에 놓이게 되었으니 그의 판단과 행동이 과연 현명하였을까 의문을 가질 수밖에 없을 것입니다. 거의 모든 세상 사람이 약삭빠르게 계산하면서 처신하고 있으니 김행균 씨처럼 앞뒤를 가리고 않고 행동하는 것은 바보 같은 짓이라고 생각할 수도 있습니다. 그가 선량하고 온정이 넘친다는 점은 칭찬받을 일이지만 건강한 두 다리를 가지고 좋은 일을 더 많이, 더 능률적으로 수행할 수 있는 것 아니냐고 생각할 수도 있습니다.

세상에서 소위 현명하다는 사람은 대개 그렇게 생각하고 행동합니다. 그렇습니다. 이상적인 관점에서는 자신을 희생하면서 다른 이를 구하는 일이 아름답다는 찬사를 받을 수 있을지 모르지만 세상적인 가치의 관점에서는 똑똑하지 못한 바보 같은 일이라고 평가받기 쉽습니다.

그런데 세상적인 가치란 무엇입니까? 돈을 많이 벌어 물질적으로 풍요를 누리고, 큰 권력을 얻어 억울한 일을 당하지 않고, 어떤 경쟁에서든 승자가 되고, 남이 차지하기 전에 내가 먼저 차지하는 것이라고 말들 할 것입니다. 또한 이왕이면 많은 것이 좋다는 생각이나 자신이 투자한 시간과 물질에 비해 훨씬 더 많은 이익을 내는 것이 좋다는 생각도 세상적인 가치에 속할 것입니다.

물론 사람들은 배운 정도와 문화적 수준에 따라 그러한 세상적 가치를 다르게 표현해낼 줄 압니다. 좀 더 우아하고 근사한 포장으로 자신을 감출 줄 아는 것이 현대인이죠. 이들이 근자에는 효율성이라는 경제 용어를 앞세우면서 자신의 욕망을 포장하고 있습니다.

지난 여름휴가 때 있었던 일입니다. 오랜만에 초등학생 조카 몇 명과 휴가를 보내게 되었습니다. 사촌 형제인 아이들이 옹기종기 모여 앉아 식사를 할 때였습니다. 아이들이 좋아하는 반찬인 장조림이 식탁에 올랐습니다. 그때였습니다. 한 아이가 자기 친동생에게 말했습니다. "얼른 차지해! 이제 하나밖에 안 남았어!" 그러자 그 동생이 마지막 남은 장조림 한 덩어리를 차지하기 위해 젓가락 싸움에 끼어들었습니다.

이 두 형제를 교육하고 있는 그들의 부모는 몇 대에 걸쳐 그리스도교를 믿고 있는, 그야말로 선량한 사람들입니다. 그런데 그 부모는 세상을 살아가는 데 이 정도의 생존 경쟁의식은 갖도록 교육하는 것이 필요하다고 생각하고, 실제로 그렇게 교육하는 것 같았습니다.

어디 이 두 형제의 부모뿐이겠습니까? 세상 사람들 거의 모두가 그렇게 생각할 것입니다. 이왕이면 내가 차지해야 하고, 내가 빛이 나야 하고, 내가 더 높아야 하고, 내가 더 잘돼야 합니다. 그리 되려면 경쟁의식이 강해야 하고 승부 근성이 있어야 합니다. 그렇기에 경쟁에서 패한 이에게 일말의 동정심이나 미안한 마음도 가져서는 안 되는 것이지요.

이런 관점에서 본다면 아름다운 철도원 김행균 씨는 참으로 미련한 사람입니다. 그는 세상 돌아가는 이치를 잘 꿰뚫지 못한 매우 어리석은 사람입니다. 적어도 세상의 눈으로 바라보면 그렇습니다. 그러나 《성서》의 눈으로 바라보면 이야기는 달라집니다. 《성서》의 관점에서 보면 김행균 씨는 예수님의 마음을 품은 사람이라고 할 수 있습니다.

《성서》가 전해주는 신앙의 논리는 세상의 논리와 같지 않습니다. 오늘 《성서》 본문에 나오는 잃은 양 한 마리를 찾는 이야기로 돌아가보겠습니다. 이 이야기는 《성서》의 논리는 세상의 논리와 다르고, 예수님과 하나님이 품고 계시는 가치와 논리는 세상의 가치와 논리와 다르다는 사실을 잘 가르쳐줍니다.

세상의 논리로 보면 아흔아홉은 하나보다 큽니다. 모든 사람이 그렇게 생각합니다. 세상 사람 모두가 하나보다 아흔아홉이 크다는 사실에 전혀 의문을 품지 않고 살아갑니다. 그리고 아흔아홉이 살아가는 방식대로 살아갑니다. 그뿐만 아니라 세상 사람은 효율성의 원리에 따라 행동합니다. 그래서 다수를 위해 소수를 희생합니다.

그러나 예수님의 계산법은 다릅니다. 아흔아홉보다 하나가 더 큽니다. 그분은 효율과 숫자에 민감하지 않습니다. 예수님은 아흔아홉 마리의 양을 구원하였다고 해서 99퍼센트라는 비율에 만족하시는 분이 아닙니다. 오히려 구원받은 다수에 안주하기보다는 길을 잃고 방황하고 있는 한 마리의 양에 관심을 기울이십니다. 세상의 계산법과는 너무도 다른 계산 방식입니다. 세상의 계산법에서 바라본다면 예수님의 태도는 그 얼마나 비효율적이며, 예수님의 행동은 또 얼마나 어리석은 짓입니까?

복음서를 보면 우리가 주로 고백하는 예수님께서 이런 어리석고 바보 같은 가르침을 우리에게 많이 전해주십니다. 오늘의 본문 말씀 외에도 오른뺨을 치는 자에게 왼뺨도 내어주고, 누가 5리를 가자 하면 10리를 가주라는 말씀도 하셨습니다. 속옷을 달라 하면 겉옷까지 내주고, 오른손이 한 일을 왼손이 모르도록 다른 사람을 도와주라는 가르침도 주셨습니다.

세상의 논리로 보자면 억울하게 매 맞는 경우 최소한 맞받아치거나 경찰에 신고하는 것이 똑똑한 행동일 것입니다. 누가 5리를 가자 하면 왜 가자는 것인지, 만약 가준다면 그것이 내게 어떠한 이득이 될 것인지를 먼저 따져보아야 합니다. 자기 옷을 왜 남에게 줍니까? 어렵게 비싼 돈을 주고 마련한 것인데 너무 아깝지 않습니까? 만일 줄 필요가 있다면 내게 필요한 것을 제외하고 남는 것을 주는 것이 합리적인 일이라고 말할 것입니다. 오른손이 한 일을 왼손은 물론 주위 사람에게 널리 알려 선행에 앞장선 보기 드문 인물이라는 세평을 누리는 것이 똑똑한 처신 아니겠습니까? 그런데 예수님은 이런 것들이 자신의 논리와는 전혀 다른 세상의 논리라는 사실을 분명히 말씀하고 계십니다.

간호사가 되려는 여러분에 대해서 생각해보았습니다. 간호학에 대해 아는 바가 거의 없지만, 제 마음에는 적어도 간호학이 세상의 논리를 좇아가는 사람이 하는 학문은 아니라는 확신이 들었습니다. 그 어느 누가 자기 몸 하나 추스르기도 힘든 세상에서 다른 사람을 돌보는 일을 평생의 업으로 삼겠습니까?

상당수의 현대 학문이 엄격한 학문성만을 강조한 나머지 자칫 학문하는 사람의 삶과 학문적 노력 사이의 괴리 현상을 보이고 있지만 간호학만은 그렇지 않은 학문이라는 생각을 해보았습니다. 간호학은 아흔아홉보다 하나를 더 소중하게 여기시는 예수님의 논리를 잘 따르고 있는 학문이라고 생각되었습니다.

자기 자신을, '타자를 위한 존재'로 이해하지 않는 이상 간호학은 시작부터 불가능한 학문이 아닐까 하는 생각도 해보았습니다. 자기 자신을 다른 사람을 위한 존재로 이해하는 것은 개인주의를 내세우는 세상의 논리와는 다른 사고방식입니다. 그것은 예수님의 가르침의 핵심에 해당하는 것입니다. 그래서 어떤 신학자는 예수님을 "타자를 위한 존재"라고 부르기도 했습니다. 이렇게 보면 간호학을 배우는 여러분은 여러분이 인정하든 혹은 인정하지 않든 예수님의 마음을 품은 사람이라고 볼 수 있습니다. 그런 면에서 간호학을 공부하는 여러분은 자만이 아닌 자부심을 가져도 될 것입니다.

그러나 세상 속에 살면서 세상의 아흔아홉이 생각하는 것과 다르게 생각하며 사는 일은 결코 쉽지 않습니다. 그래서 용기가 필요하며, 확신이 필요합니다. 그래서 하나님과 대화하는 기도의 시간이 필요하고, 또한 하나님의 말씀을 읽으며 꾸준히 묵상하는 가운데 하늘로부터 내려오는 용기와 확신을 얻어야 합니다. 같은 마음을 품은 사람끼리 연대 의식을 가지고 서로가 서로를 독려하는 일도 중요할 것입니다.

세상의 논리, 그리고 세상의 가치와 철저하게 반대되는 예수님의 가르침에 따라 기꺼이 바보가 되어 힘차게 살아가봅시다. 바보들의 행진으로 보이는 복음의 행진을 시작해봅시다. 복음의 행진을 계속하려고 다짐하는 여러분에게 사도 바울께서는 이런 말씀을 들려주십니다. "십자가의 말씀이 멸망하는 자들에게는 어리석은 것이지만, 구원을 받은 사람인 우리에게는 하나님의 능력입니다."

　사랑의 하나님, 저희의 마음을 주장하여 주셔서 예수님의 마음을 품고 세상을 향하여 미련하지만 지혜로운 자로 살아가게 도와주옵소서. 당신의 섭리 가운데 간호학을 공부하게 하신 주님, 이 세상에 살면서 당신이 저희에게 명하신 뜻을 이루어드릴 수 있도록 저희를 주님의 도구로 써주옵소서. 우리 젊은이들 건강하게 지내도록 은혜 내려주시고, 학업에서 보람을 느낄 수 있는 지혜도 허락하여 주옵소서. 우리로 하여금 복음의 행진에 참여케 하시는 예수님 이름으로 기도드립니다. 아멘.

빈센트 반 고흐

고흐를 좋아하는 젊은이에게

사랑하는 자들아 우리가 서로 사랑하자 사랑은 하나님께 속한 것이니 사랑하는 자마
다 하나님으로부터 나서 하나님을 알고 사랑하지 아니하는 자는 하나님을 알지 못하
나니 이는 하나님은 사랑이심이라

요한1서 4:7-8

친애하는 젊은이 여러분, 여러분을 오늘 조금 색다른 세계로
인도하고자 합니다. 빈센트 반 고흐Vincent van Gogh의 작품과 편지글
에 나타난 종교적 메시지를 찾는 일이 그것입니다.

지금까지 우리는 종교적 메시지를 청각적으로 나누는 일에 익
숙했고, 주로 구술 언어를 매개로 전달하였습니다. 그러나 내밀
한 종교 경험은 청각과 더불어 시각이, 구술 언어뿐만이 아니라
상징과 이미지가, 담론만이 아니라 통찰력과 상상력이 조화를 이
루는 가운데 이루어진다는 사실에 주목할 필요가 있습니다. 진정
한 신앙 경험은 전인적으로 일어나며, 또한 전인적으로 표현되기
때문입니다.

예술과 종교는 세속화의 과정을 거치면서 분리되었지만, 예술

은 본디 신성한 것과 관련을 맺고 있으며, 종교는 지속적으로 예술을 통해 그 추구하는 가치를 표현하고 있습니다. 무엇보다도 예술은 몸과 마음의 보이지 않는 합일에서부터 시작하기 때문에 순수한 이념보다 거룩함을 통전적으로 표현하는 데 매우 적절합니다. 오늘 우리는 예술과의 교류를 통하여 우리 영성이 한층 더 깊어지길 기대하면서 고흐의 세계로 들어가보겠습니다.

빈센트 반 고흐.

그 이름을 들으면 여러분은 무엇이 떠오릅니까? 해바라기, 카페테라스의 밤 풍경, 노란 색채와 광인의 이미지?

고흐의 전시회에 갔습니다.

제 앞에 중년 여인과 딸이 서 있었습니다. 미술사를 전공한 딸이 어머니와 함께 전시회를 보러 온 것 같았습니다. 두 사람은 이런저런 이야기를 주고받았는데, 그중 대화 한 토막이 제 마음을 움직였습니다.

"고흐가 자기 귀를 잘랐다는 그 사람 아니니?" 딸이 대답했습니다. "문제가 좀 있던 사람이죠." 잠시 말없이 서 있던 어머니가 나지막이 말했습니다. "근데, 우리 모두가 그렇지 않니, 누구나 그렇지……."

실패와 고뇌 속에 탄생한 고흐의 작품들이기에 자기 나름의 실패와 고뇌를 껴안고 살아가는 사람에게 어떤 특별한 메시지를 주는 것이 아닐까요?

1853년 3월에 네덜란드 남부 브라반트에서 태어난 고흐는 아버지와 할아버지가 목사였습니다. 자신도 목사가 되어 가난한 사람에게 복음을 전하며 살아가려고 했습니다. 하지만 뜻대로 되지 않았습니다. 그의 인생은 마치 원하는 것은 모두 이루어지지 않는 듯 사랑과 일에서 실패의 연속이었습니다.

고흐는 한때 가난한 탄광촌의 임시직 전도사 일을 맡아서 광부에게 자기가 가진 옷, 양식, 《성서》 말씀을 나누어주며 가슴 벅찬 삶을 살기도 하였습니다. 하지만 고흐는 설교를 잘 못한다고, 광부같이 생활하여 성직자로서의 품위를 떨어뜨렸다고 교회에서 쫓겨나고 맙니다. 고흐는 실망했습니다.

뭔가 가치 있는 사람이 되어야 한다는 생각으로 가득 찼으나 원하는 일을 빼앗긴 채 괴로워했습니다. 이제 가난한 사람과 그들의 삶을 그림으로 보여줌으로써 많은 사람에게 이 연약하고 상처받은 이들에 대한 의무를 일깨워주기로 마음먹었습니다. 그림을 그리기로 작정한 것이었습니다.

드러나지 않는 곳과 평범하고 잊힌 사람에 대한 이러한 관심은 곧 고흐의 예술 활동이 추구하는 중심이 되었습니다.

고흐 그림의 주제는 무엇보다도 사람에 대한 사랑이었습니다. 잊힌 사람에 대한 사랑, 가난한 사람, 거리의 여인, 광산촌의 비참한 삶을 살아가는 사람에 대한 사랑.

고흐는 그의 편지글에서 이렇게 이야기하고 있습니다. "하나님을 아는 가장 좋은 방법은 많은 것을 사랑하는 것이다. 친구든 아내든 누구든 간에, 네 마음이 이끌리는 대로 모두 사랑하라. 그러면 하나님을 점점 더 잘 알아가게 된다"라고 말입니다. 그에게 사랑은 하나님을 아는 길이었던 것입니다. 이 편지글의 이야기는 마치 오늘 《성서》의 본문 말씀과도 일맥상통하는 내용입니다.

"사랑하는 자들아 우리가 서로 사랑하자 사랑은 하나님께 속한 것이니 사랑하는 자마다 하나님으로부터 나서 하나님을 알고 사랑하지 아니하는 자는 하나님을 알지 못하나니 이는 하나님은 사랑이심이라."

고흐는 자신의 삶의 신조를 묻는 친구에게 이렇게 답변합니다.

"침묵하고 싶지만 꼭 말을 해야 한다면 이런 것이다. 사랑하고 사랑받는 것, 산다는 것, 생명을 주고 새롭게 하고 회복하고 보존하는 것, 불꽃처럼 일하는 것, 그리고 무엇보다도 선하게, 쓸모 있게, 무언가에 도움이 되는 것. 예컨대 불을 피우거나, 아이에게 빵한 조각과 버터를 주거나, 고통받는 사람에게 물 한 잔을 건네주는 것이다"라고 말입니다. 그는 매우 단조롭고 다소 의미 없어 보이는 일상의 행위 속에서 거룩함을 발견하려 했던 것인지도 모릅니다. 고흐가 그린 아기 요람, 친구를 만난 카페, 침실과 의자, 우편부의 아내, 밀밭 등은 모두 일상에서 만나야 하는 거룩함을 보여줍니다.

고흐는 또한 자연을 사랑했습니다. 그는 자연, 흙덩어리, 풀, 황금빛 밀밭이 자신에게 크나큰 의미를 지니는 존재임을 분명히 했습니다. 가족이 있는 사람이 자신의 가족을 사랑하듯이 자신은 자연을 사랑한다는 것이었습니다. 사람들이 가족으로부터, 그들의 사랑으로부터 위안과 힘을 얻듯이 자신은 자연으로부터 말할 수 없는 위로와 힘을 얻는다는 것입니다.

고흐는 자연을 사랑하되, 무엇보다도 하늘을 사랑했습니다. 그중에서도 별빛 비치는 커다란 둥근 하늘. 고흐는 그 하늘을 "결국 하나님이라고 부를 수밖에 없는 그 무엇이며, 이 세상 위에 자리 잡고 있는 영원"이라고 했습니다. 그는 하늘과 무한, 영원에 대한 갈망을 가지고 있었습니다. 그리고 무한으로 가는 통로로써 별을 그렸습니다. 별로 희망을 표현하고, 저녁노을 빛으로 영혼의 그리움을 표현하고자 했습니다.

고흐는 동생으로부터 생활비를 다달이 받아 쓰면서 지독한 가난으로 고통당했습니다. 어느 누구에게도 인정받지 못하는 그림을 그리면서, 또 질병에 시달리면서, 되는 일 하나 없는 불안정하고 성과 없는 듯이 보이는 삶을 살았지만, 희망을 품는 일에는 누구보다도 열정적이었습니다. 그는 불평 없이 고통을 견디고 증오 없이 고통을 바라보았습니다.

고흐는 이렇게 말합니다. "저는 삶의 평탄한 길에서 부딪치게 되는 역경들이 우리를 힘들게 하는 만큼 도움이 되기도 한다고 믿는 편입니다. 오늘 우리를 병들게 하고 절망에 빠뜨리는 바로 그 불평이, 일단 병을 털어내고 나면 내일 다시 일어나 완전히 회복할 수 있는 에너지를 줍니다. 병이 드는 것은 우리가 나무로 만들어진 존재가 아니라는 것을 일깨워주기 위함입니다. 그것이 바로 우리가 병중에 보아야 할 구름 위의 하늘이라고 생각합니다. 그런 다음에야 우리는 앞으로 다가올 어려움을 덜 겁내게 되고 평정심을 새로운 자산 삼아 일상의 일들을 다시 시작할 수 있습니다"라고 말입니다. 고흐는 고통을 겪는 일에 아주 이력이 난 사람처럼 살았습니다.

삶을 사랑하고, 사람과 또한 우리를 둘러싼 모든 것을 사랑하면서, 우리에게 다가오는 역경을 초연하게 맞이하면서 일상을 살아가는 것, 거기에 신비로움이 있고, 거기에서 우리 인간이 하나님을 만날 수 있다고 하는 것. 이것이 고흐가 오늘 우리에게 전하는 메시지가 아닐까 생각합니다.

고통스러운 삶의 과정과 뼈아픈 고뇌 가운데서도 삶을 사랑하고 희망을 잃지 않으려고 분투했던 고흐의 세계로 여러분을 초대합니다. 고흐의 작품 가운데 활짝 꽃핀 살구나무 그림이 있습니다. 살구꽃 꽃잎이 꽃비처럼 내릴 때, 여러분은 그 꽃비를 여러분 인생의 찬란한 봄날을 축복하는 하늘의 선물이라 여기시면 어떻겠습니까?

이 웃

사

랑

관 심

관심이 기적이다

담쟁이처럼

닥터 노먼 베순

사랑하다가 죽을 수 있는가

관심이 기적이다

기적을 꿈꾸는 젊은이에게

예루살렘에 있는 양문 곁에 히브리 말로 베데스다라 하는 못이 있는데 거기 행각 다섯이 있고 그 안에 많은 병자, 맹인, 다리 저는 사람, 혈기 마른 사람들이 누워 물의 움직임을 기다리니 이는 천사가 가끔 못에 내려와 물을 움직이게 하는데 움직인 후에 먼저 들어가는 자는 어떤 병에 걸렸든지 낫게 됨이러라 거기 서른여덟 해 된 병자가 있더라 예수께서 그 누운 것을 보시고 병이 벌써 오래된 줄 아시고 이르시되 네가 낫고자 하느냐 병자가 대답하되 주여 물이 움직일 때에 나를 못에 넣어 주는 사람이 없어 내가 가는 동안에 다른 사람이 먼저 내려가나이다 예수께서 이르시되 일어나 네 자리를 들고 걸어가라 하시니 그 사람이 곧 나아서 자리를 들고 걸어가니라 이 날은 안식일이니

요한복음 5:2-9

    사람들을 만나면 먹고살기가 힘들다고 말합니다. 먹고사는 것은 인류의 시작부터 문제가 된 것이니 이런 이야기를 그냥 무시할 수도 있을 것입니다. 하지만 요즘 우리가 먹고살기 위해 노력하면서 느끼는 고충이 과거보다 훨씬 더 크다는 데 문제의 심각성이 있습니다. 그렇다면 왜 오늘의 우리는 과거의 사람보다 경제생활에서 더 많은 스트레스를 받는 것입니까?

    여러 가지 이유가 있겠지만 가장 결정적인 이유는 경쟁의 정도가 이전보다 훨씬 더 심해졌다는 데 있을 것입니다. 경쟁은 사회 전체의 효율성과 투명성을 높이는 장점을 갖고 있습니다. 그러나 경쟁은 사회적 약자를 배려하지 못하는 단점도 지니고 있습니다.

그러고 보면 경쟁이란 능력과 재력을 갖춘 이에게는 유리하지만 능력이나 재력이 부족한 사람에게는 불리하게 작용할 수 있습니다. 따라서 경쟁이 지나치게 강조되는 사회는 비인간화되기 쉽습니다.

오늘 우리가 함께 읽은 본문을 꼼꼼히 읽어보면 예수께서는 이런 경쟁의 폐해를 이미 간파하셨다는 사실을 알 수 있습니다. 오늘《성서》본문에 따르면 예수께서는 유대인의 명절에 예루살렘에 올라가셨습니다. 여기서 양문이라 함은 양의 문, 예루살렘 성전에서 제물로 바쳐질 양이 드나들던 문이었습니다.

이 양의 문 옆에는 베데스다라는 연못이 있었습니다. 이 연못은 신비의 연못이었습니다. 이 연못에는 가끔 천사가 내려와 물이 동했습니다. 이때 맨 먼저 연못에 들어가는 사람은 모든 병이 치유된다고 합니다. 그래서 물이 동하기를 기다리는 많은 병자가 연못 가까이에서 진을 치고 있었습니다. 기적이 아니면 고칠 수 없는 수많은 질병을 가진 사람들이 연못 주변에 몰려든 것이었습니다. 오늘날과 같이 의학이 발달한 시대에도 고칠 수 없는 병이 많아 기적을 바라는 환자가 많은데 예수님 당시에는 오죽이나 많았겠습니까?

예수께서 베데스다 연못을 지나가실 때 거기에는 38년 동안 앓고 있는 병자 한 사람이 있었습니다. 누워 있는 병자를 보시고 그에게 물으셨습니다. "낫고 싶으냐?" 그 병자가 대답하기를, "물이 움직일 때에 나를 들어서 못에다가 넣어주는 사람이 없습니다. 내가 가는 동안에 남이 나보다 먼저 못에 들어갑니다".

아마도 낫고 싶으냐는 예수님의 질문에 마음이 급한 나머지 "당연하지요, 그럼요 낫고 싶지요"라는 대답을 생각지 못했을 수 있습니다. 또한 아무도 자기에게 관심을 가져주지 않았기 때문에 자신에게 관심을 보인 예수님을 붙들고 하소연하며, "물이 움직일 때 나를 저 못에 데려다 주시오"라고 간청하고 싶었는지도 모릅니다. 그러나 정작 예수께 대답한 이 병자는 "연못 물이 동할 때 나를 못에다가 넣어줄 수 있는 그 누구도 내겐 없습니다"라고 말합니다. 그때 예수께서는 그저 "일어나서 네 자리를 걷어가지고 걸어가거라" 말씀하십니다. 그 말씀 한마디에 그 사람은 나음을 입어서 자리를 걷어가지고 걸어갔습니다.

38년간 누워 지내던 중환자가 베데스다 연못에 들어가지도 않고 기적을 경험한 경우입니다. 그 병자는 물이 동하기 전에 베데스다 안이 아닌 베데스다 밖에서 기적을 경험한 것입니다. 그가 경험한 기적은 중병이 나은 기적입니다만 실제로 그가 경험한 것은 그 이상이었습니다.

38년간 누워 지낸 환자에게 어느 누구도 아무런 관심을 보이지 않았습니다. 그 당시 병자는 하나님의 저주를 받은 자로서 관심을 가질 일말의 가치조차 없는 사람이었습니다. 그런데 예수께서 그에게 관심을 가지시고 친히 말 걸어주십니다. 이러한 일은 당시로써는 흔히 볼 수 없는 일이었습니다. 말하자면 그 38년간 앓던 사람에게 이미 기적이 일어나고 있었던 것입니다. 누군가 그에게 관심을 가지고 말을 걸어주는 일은 이미 베데스다 밖에서 일어난 기적이었던 것입니다.

예수께서 그에게 낫고자 하느냐고 물으셨을 때, 그는 물이 동할 때에 나를 물에 넣어줄 사람이 없어서 남이 먼저 못에 들어가고 자신은 기회를 놓친다는 푸념을 늘어놓습니다. 한쪽 팔이 아픈 사람은 물이 동할 때 얼른 일어나 건강한 두 다리로 냉큼 못에 달려 들어갈 수 있습니다. 다리가 건강하지 못한 사람도 주변에 돕는 손길만 있다면, 기다리고 있다가 물이 동할 때 얼른 그 아픈 사람을 못에 데려다 줄 수 있습니다.

물이 동할 때 먼저 들어가는 한 사람이 고침을 받을 수 있다는 것은 어찌 보면 철저하게 경쟁의 원리가 작용하는 것 같습니다. 어디가 어떻게 아프든 상관없이 먼저 들어가기만 하면 되는 것이니까요. 이런 상황에서 수단과 방법을 가릴 필요는 없습니다. 경쟁에서 이기려고 한다면 말입니다.

그런데 예수께서는 이러한 방법들 모두를 사용하지 않으시고 그를 그저 고쳐주십니다. 예수께서는 그 사람에게 경쟁에서 이기라고 가르치지도 않으십니다. 같은 조건에서 시작할 수 있는 여건을 마련해주시지도 않으십니다. 그저 아무런 조건 없이 그를 낫게 해주십니다. 여기서 38년 앓은 병자가 경험한 기적이 일어나는 것입니다. 그는 연못 속에 들어가지 않았지만 나음을 입었습니다. 이런 의미에서 이 기적은 베데스다 안의 기적이 아니라 베데스다 밖의 기적이라고 할 수 있습니다.

이 베데스다 밖의 기적은 아무도 관심을 가져주지 않는 38년 동안 누워 지내는 병자에게 관심을 가져주며 말 걸어주고 그를 치유해주었던 예수님의 행하심과 직접적으로 연결되어 있습니다. 물이 동할 때를 기다려 연못 속에 들어가게만 된다면 기적을 경험할 수 있습니다. 여기서 베데스다 연못이란 안정된 생활권에 비유할 수 있을 것입니다.

안정된 생활권에 편입될 수만 있다면 어떻게든 사람들은 인간으로서 누려야 할 권리를 향유하며 살아갈 수 있을 것입니다. 그래서 사람들은 수단과 방법을 가리지 않고 모든 경쟁에서 이겨내고 마침내 베데스다 연못 안으로 들어가려고 할 것입니다.

그런데 문제는 바로 38년 동안 앓고 누워 있는 병자들의 경우일 것입니다. 이들은 애초에 경쟁력이라고는 찾아볼 수 없는 사람들입니다. 남의 도움이 없이는 연못 안으로 들어가려는 노력조차 해볼 수도 없는 사람들입니다. 예수께서는 바로 이러한 사람들에게 관심을 가지시고, 그들에게 기적을 베풀어주십니다. 병자에 대한 예수님의 관심과 애정이 병자를 일으킨 것입니다. 오늘의 《성서》 본문에서는 예수님께서 소외된 이웃에 대한 관심과 배려가 아름다운 세상을 만드는 첫걸음이 된다는 사실을 우리에게 가르쳐주고 계십니다.

　오늘의 그리스도인이 추구해야 할 가치도 이러한 것이 아닐까 합니다. 기적이 일어나는 연못이라는 사회에 편입되지 못한 채 연못의 주변부에서 나뒹구는 사람에 대한 관심과 배려를 보이는 것, 그리고 이런 주변부 인생에게 인간으로서 최소한의 것을 누릴 수 있는 삶을 맛보게 하는 것. 이런 것들이 바로 그리스도인이 다시금 되새겨야 할 가치와 의미가 아닌가 합니다. 오늘 교회를 통해 배출되는 청년들은 베데스다 연못 밖의 기적을 가능하게 하는 사람이어야 할 것입니다.

　그렇습니다. 여러분은 베데스다 밖에서 기적을 베푸는 사람입니다. 예수께서 아무런 조건 없이 연못 밖에서 보여주신 관심을 통해 베풀어진 삶의 기적이 이 자리에 모인 여러분을 통해 계속해서 이어지길 기원합니다.

　사랑의 하나님, 부족한 저희로 사회적 약자를 돕는 길을 걷게 하시니 감사를 드립니다. 주님께서 주신 이 고귀한 소명을 깊이깊이 간직하여 사회의 주변부에서 어려움을 당하고 있는 이를 진실한 마음과 부지런한 몸으로 배려할 수 있게 하옵소서. 그리하여 예수님처럼 베데스다 밖의 기적을 일구는 주님의 제자가 되게 하옵소서. 예수님 이름으로 기도드립니다. 아멘.

담쟁이처럼

나눔을 주저하는 젊은이에게

네가 이 세대에서 부한 자들을 명하여 마음을 높이지 말고 정함이 없는 재물에 소망을 두지 말고 오직 우리에게 모든 것을 후히 주사 누리게 하시는 하나님께 두며 선을 행하고 선한 사업을 많이 하고 나누어 주기를 좋아하며 너그러운 자가 되게 하라 이것이 장래에 자기를 위하여 좋은 터를 쌓아 참된 생명을 취하는 것이니라

디모데전서 6:17-19

"가난은 나라도 못 막는다"는 얘기가 있듯이 경제가 많이 발전했다고 하는 오늘의 우리 사회에도 여전히 가난한 사람이 많습니다. 1997년 말 경제 위기와 2008년 국제 금융 위기 이후 소득 양극화가 심화되면서 빈곤 계층이 더욱 늘어나고 있습니다. 하지만 다른 나라의 경우와 비교해보면 우리나라의 사정은 양호한 편입니다.

우리는 소문을 들어 조금 알고 있지만 아프리카에 속해 있는 나라들의 가난은 우리가 상상할 수 없을 정도로 극심합니다. 먹을 것이 없어 굶어 죽거나 영양실조에 걸린 아이를 바라보면 '모든 인간은 예외 없이 존엄한 존재'라는 명제가 퍽이나 공허하게 들립니다. 의식주 문제가 어느 정도 해결된 상황에서 살아가는 인간

은 높고 엄숙한 존재일 수 있습니다. 하지만 늘 배가 곯아 있어 먹는 것만 보면 체면이고 뭐고 없이 달려드는 가난한 인간은 존엄성을 갖기 어렵습니다. 이런 인간은 동물과 다를 바 없습니다.

그러면 이런 극심한 가난의 문제를 해결할 방안은 무엇이겠습니까? 우리 정부가 아프리카 국가들을 경제적으로 원조할 수 있습니다. 아프리카 나라들에게 바람직한 산업 정책이나 분배 정책을 권고할 수 있습니다. 하지만 이런 일들은 시간을 많이 요구하는 장기적인 대책이면서 개인 영역을 넘어선 정부 차원에서 시도될 수 있는 방안입니다. 결국 지금 개인적으로 시행할 수 있는 일은 우리가 가진 것을 나누는 일입니다. 우리가 자기 소유를 나눌 때 가난한 이웃이 실질적으로 도움을 받을 수 있을 뿐만 아니라 정신적으로 삶에의 의지를 강화시킬 수 있습니다.

흔히 사람들은 나눔을 자신이 가진 것을 다른 사람에게 조금 떼어 주는 일 정도로 생각합니다. 하지만 나눔은 그렇게 단순히 자기의 소유를 건네주는 일이 아닙니다. 나눔은 다른 사람의 존재를 적극적으로 인정하는 것입니다. 이렇게 나눔은 관계적 혹은 상호적인 행위입니다.

나눔은 돈을 매개로 해서 자신의 삶에 대해 새로운 관점을 형성하고 다른 사람의 삶에 대해 새로운 시선을 갖게 되는 과정입니다. 나눔은 다른 사람의 삶을 들여다보고 그것을 통해 자신을 되돌아보게 하는 새로운 가능성인 것입니다. 나눔은 자기 존재를 새롭게 변화할 수 있는 기회를 제공하는 것입니다. 이런 의미에서 오늘 우리가 함께 읽은 《성서》 본문에서 바울 선생은 남에게 아낌없이 베풀고 나누는 것을 즐기는 일이 참된 생명을 가져다줄 수 있다고 주장합니다.

그런데 나눔이 이렇게 존재의 변화와 관련된 중차대한 행위임에도 불구하고 왜 우리는 나눔에 적극적이지 않을까요? 한마디로 두려움 때문입니다. 여기서 두려움은 두 가지 형태로 나눌 수 있습니다. 첫째는 나눔을 실천하다가 상대방에게 이용당할지도 모른다는 두려움입니다. 적지 않은 사람이 자신의 이익을 추구하기 위해 타인의 선의를 악용하기도 합니다. 나눔의 경우도 마찬가지입니다. 나눔의 정신을 실천에 옮기다가 수혜자로부터 좋지 않은 경험을 한 사람은 더 이상 자기 소유를 타인과 함께 나누려고 하지 않게 됩니다.

둘째는 개인적으로 아무리 열심히 나누어도 가난한 사람의 경제적 조건을 그리 크게 향상할 수 없다는 두려움입니다. 어느 사회나 빈곤의 범위와 깊이는 엄청납니다. 이런 상황에서 우리가 개인적으로 자신의 자그마한 소유를 나누어봤자 가난한 사람에게 큰 도움이 되지 않을 수 있다는 판단을 할 수 있습니다.

제가 판단하기에 첫 번째 두려움보다는 두 번째 두려움이 더 근본적인 것 같아 보입니다. 사람들은 자신의 나눔 활동이 가진 의미를 과소평가하는 경향이 강하기 때문에 나눔 문화가 뿌리를 내리지 못하는 것 같습니다. 이런 두려움에 직면한 우리에게 바울 선생은 이렇게 권고합니다. "낙심하지 말고 꾸준히 선을 행합시다. 꾸준히 계속하노라면 거둘 때가 올 것입니다."

그렇습니다. 원래 길이 있었던 것은 아닙니다. 지나가는 사람이 많아지면 새로 길이 나는 것입니다. 나의 나눔이 곧바로 타인의 행복을 불러오는 것은 아닙니다. 끊임없고 줄기찬 나의 나눔이 너에게 영향을 미쳐 너의 나눔으로 이어지고, 너의 나눔이 또 다른 너의 나눔으로 이어지고, 또 다른 너의 나눔이 또 하나의 너의 나눔으로 이어지면서 우리의 나눔이 되고, 우리의 나눔이 타인의 행복을 불러오는 것입니다.

나부터 시작하는 것이 중요합니다. 지금 나의 나눔이 초래할 결과가 미미한지 그렇지 않은지를 따지는 것은 무의미합니다. 패기 있고 용기 있게 도전하는 자세만 있으면 되는 것입니다. 서두르지 않고 끈기 있는 자세만 있으면 기적은 일어나는 것입니다. 그래서 시인 도종환은 이렇게 노래합니다.

저것은 벽
어쩔 수 없는 벽이라고 우리가 느낄 때
그때
담쟁이는 말없이 그 벽을 오른다
물 한 방울 없고 씨앗 한 톨 살아남을 수 없는

저것은 절망의 벽이라고 말할 때

담쟁이는 서두르지 않고 앞으로 나아간다

한 뼘이라도 꼭 여럿이 함께 손을 잡고 올라간다

푸르게 절망을 다 덮을 때까지

바로 그 절망을 잡고 놓지 않는다

저것은 넘을 수 없는 벽이라고 고개를 떨구고 있을 때

담쟁이 잎 하나는 담쟁이 잎 수천 개를 이끌고

결국 그 벽을 넘는다.

-도종환, 〈담쟁이〉

그렇습니다. 의미 없는 나눔, 가치 없는 나눔은 없습니다. 나눔은 그 자체로 의미와 가치를 지닙니다. 나의 작은 나눔이 너의 작은 나눔과 만나 지구촌 어딘가에서 죽어가는 생명을 살릴 수 있습니다. 나의 미미한 몸짓이 너의 미미한 몸짓과 어울려 세상을 아름답게 만들 수 있습니다.

우리 젊은이들이 끈기 없음, 자기 폄하, 과소평가, 지레 포기에 빠져 이웃의 가난 앞에 자괴감을 느끼며 무기력한 모습을 보일 필요는 없습니다. 작은 시냇물이 하나하나 모여 강을 이루고 바다를 이루듯이 우리 젊은이들의 작은 몸부림이 뭉치고 뭉쳐 지구촌 곳곳의 가난한 이웃에게 큰 기쁨을 안겨줄 것입니다.

닥터 노먼 베순

의사가 되려는 젊은이에게

모든 일을 원망과 시비가 없이 하라 이는 너희가 흠이 없고 순전하여 어그러지고 거스르는 세대 가운데서 하나님의 흠 없는 자녀로 세상에서 그들 가운데 빛들로 나타내며 생명의 말씀을 밝혀 나의 달음질이 헛되지 아니하고 수고도 헛되지 아니함으로 그리스도의 날에 내가 자랑할 것이 있게 하려 함이라

빌립보서 2:14-16

현대 의학은 매우 발달했습니다만 아직도 인간의 병을 고치는 일이란 매우 어려운 일입니다. 그래서 많은 뛰어난 인재가 의과대학에 진학하고 열심히 공부하며, 다른 분야에 비해서 오랜 기간 동안 수련을 받습니다. 오랜 기간 동안의 학습과 수련 기간을 통해서도 인간이 가진 많은 질병 중에서 고칠 수 없는 것이 많다는 것을 알게 될 때 의학도는 회의하고 실망하게 된다고 들었습니다.

그런데 세간의 사람들은 의사의 이러한 고충을 이해하는지 어쩐지 모르면서 의사를 세 단계로 구분합니다. 질병을 고치는 의사, 사람을 돌보는 의사, 사회를 고치는 의사로 말입니다. 병을 고치는 의사보다는 사람을 돌보는 의사가, 사람만을 돌보는 의사보

다는 사회를 고치는 의사가 훌륭한 의사라는 가치 판단이 깔려 있는 구분입니다.

병을 고치기도 힘든데 마음을 고치느니, 사회를 고치느니 하면서 좀 더 좋은 의사가 되라는 이야기는 의학도의 현실을 전혀 이해하지 못한 채 심리적인 부담만을 안겨주는 일이 될 수 있습니다. 의학도의 현실은 고달픕니다. 고등학교보다 더 꽉 짜인 수업과 실험 일정, 매일 계속되는 퀴즈와 시험, 과락과 낙제의 공포 또한 적지 않을 줄 압니다. 엄청난 학습량에 잠은 모자라서, 젊은이답게 예쁘고 깔끔하게 외모를 꾸미고 싶은 욕구가 없는 것은 아니지만 머리 감을 시간이 있으면 차라리 잠을 10분이라도 더 자겠다는 만성 피로에 젖어 있습니다.

그러나 현실이 고달프다고 해서 꿈을 갖지 못하라는 법은 없습니다. 아니, 현실이 고달프면 고달플수록 인간은 꿈을 가질 수 있으며, 또한 꿈을 가져야만 어려운 현실을 이겨낼 힘을 얻을 수 있습니다.

여러분도 잘 아는 이야기일지 모르겠지만 여러분이 꿈꿀 만한 사람이 있어서 소개합니다. 닥터 노먼 베순이라는 사람입니다.

노먼 베순은 1890년 캐나다 온타리오에서 목사의 아들로 태어났습니다. 아주 어릴 적부터 외과 의사가 지녀야 할 자질을 보여 파리를 해부하고, 닭 뼈 맞추기 등을 즐겨 하였다고 합니다. 제1차 세계 대전 때 들것 운반병으로 종군하였으나, 독일군의 유탄에 맞아 부상당해 6개월의 병상 생활 후에 본국에 송환된 경험이 있었습니다. 대학 복학 후에 의학 박사를 취득하였고, 다시 영국 해군으로 입대하여 군의관으로 근무하게 됩니다. 그가 28세 되던 해에 종전되었습니다.

그의 유럽 생활은 매우 호화스러웠다고 합니다. 런던에서 근무할 때, 프랑스와 스페인으로 건너가 예술품을 싼값에 사다가 비싸게 팔아서 이윤을 남기고, 그 돈으로 매우 사치스럽고 방탕한 생활을 즐겼는데, 속사정을 모르는 사람들은 노먼 베순이 캐나다 부호의 아들인 줄 알았다고 합니다. 베순은 이러한 오해를 매우 즐거워했다고 전해집니다. 33세에 결혼하여 미국의 디트로이트에서 개인 병원을 시작하였는데 이 지역이 자동차 산업으로 유명한 곳이었지만, 환자의 대부분은 자동차 공장의 노동자이거나 그 노동자를 상대하는 공장 주변의 창녀였다고 합니다. 무엇보다도 이 환자들은 돈이 없어서 진료비를 내지 못하는 상황이었지요.

외과 의사로서의 솜씨가 소문이 나면서 노먼 베순에게 부자 환자가 찾아오고 환자를 보내주는 일반의에게 소정의 리베이트를 제공함으로써 그는 더 많은 환자와 돈을 얻게 되었습니다. 처음에는 그저 신이 났겠습니다만, 그는 점차 빈부의 문제와 의사로서의 직업윤리 문제를 성찰하기 시작했습니다. "알고 지내는 의사들 중에는 중세의 이발사 자격밖에 없는 사람들이 적지 않아. 그 가운데 반은 카운터나 보아야 할 작자들이지. 그 나머지 반에게도 그들이 장사꾼이 아니라 의사라는 사실을 상기시켜주고 싶은 심정이야"라고 부인에게 토로한 적이 있었습니다. 그는 서서히 고민하고 있었던 것 같습니다. 그러나 그는 하고 싶은 일을 하기 위해 돈을 벌어야 한다고 생각했습니다. 그래서 미친 듯이 일해서 돈을 벌었지만, 가난한 사람의 동네를 결코 떠나지 않았습니다. 그러던 중 그는 결국 폐결핵을 얻었고 귀향하게 됩니다. 자신의 병치레로 힘들어할 아내를 염려해서 고집을 부려 억지로 이혼을 하기도 했습니다. 그는 혼자 요양원에서 죽음의 문턱에 이르렀다가 의학 서적에서 읽은 새로운 폐결핵 퇴치 방법인 인공기흉법을 자신의 몸에 실험하게 하여 결국 완치되는 기적을 일구어내었습니다. 이 사건을 계기로 폐결핵 완치술에 관심을 가지고 일하게 됩니다. 또한 수술 기구들을 새로 설계, 고안, 발명해내기도 하였는데요. 구두 수선공의 절단기에서 늑골 절단기rib shears를 착안하여 발명해낸 일은 잘 알려진 일입니다. 그는 의사로서의 명성과 부를 거머쥐었던 사람이었습니다. 그럼에도 불구하고 그는 평범한 의사로서의 삶을 거부했습니다. 그가 말하기를, "우리 의사들은 수도승과 같아야 하오. 그렇소. 헐벗은 옷차림에 샌들을 신고 이리저리 배회하는 수도승 같아야 한단 말이오. 우리의 목적은 인체를 보호하고 소생시키는 것이오. 그것은 신성한 일이오. 따라서 우리의 자세도 신성한 목적에 맞게 치열하지 않으면 안 되오". 그는 치열한 직업의식을 지닌 사람이었던 것이지요. "의사의 의무는 질병의 뿌리까지 찾아가는 것"이라고 말하면서, 자신의 삶으로써 이 의무를 완수하려 했습니다. 결국 그는 자신이 질병의 뿌리라고 판단한 사회 제도의 부패에 대해서도 대수술을 감행하는 일에 투신하고 맙니다.

닥터 노먼 베순, 그는 캐나다의 흉부외과 의사였습니다. 그러나 그는 의사로서의 안정되고 윤택하고 나름대로 보람 있는 삶의 틀을 깨고 나와 스페인의 내란에 참여하여 파시즘에 대항해 종군 의사로서 활동하였으며, 중국의 공산당 혁명 중에 또한 항일 전선에서 적극적으로 활동하였던 것입니다.

그의 영웅적 삶은 혁명과 전쟁 중에 계속되었던 그의 의사로서의 일, 즉 수술을 감행하던 중 세균에 감염되어 패혈증으로 마감되었습니다. 1939년 11월의 일이었습니다. 그의 나이 49세였습니다.

세균이든 사회의 불의든 인간과 인간 사회를 좀먹는 모든 것을 향하여 메스를 들이대던 말 그대로 외과 의사였습니다.

그의 삶은 매우 드라마틱하게 전개되었기 때문에 정말 꿈같은 일로 가득 차 있습니다. 그가 자신의 삶의 틀을 깨고 나온 것은 그가 지닌 방랑벽 때문이었을까요? 아니면 그의 의협심이 강한 기질 덕분이었을까요? 아닙니다. 그의 철저한 직업의식 때문이었을 것입니다. 세균이든 사회 구조적인 악이든 인간과 세상을 좀먹는 모든 것을 철저하게 도려내고자 했던 직업의식이었을 것입니다. 그가 단지 세균으로 죽어가는 인간의 육체를 고치는 의사로서 만족하지 않았던 것은, 나아가 그가 그러한 철두철미한 직업의식을 가질 수 있었던 것은 그에게 고단한 현실을 뛰어넘는 꿈이 있었기 때문이었을 것입니다. 세상을 고치는 의사로서의 꿈이 그것이었을 것입니다. 질병의 뿌리를 뽑겠다는 꿈이 그것이었을 것입니다.

현실은 꿈꾸는 사람을 비웃기라도 하듯이 냉혹하고 고달프지만 꿈은 우리가 현실을 잘 견뎌내도록 도움을 줍니다. 만약 우리가 세상을 치유하는 의사가 되는 것이 목표라고 정하여놓는다면 그 목표 때문에 피곤한 현실이 더욱 피곤해질 수도 있습니다. 목표는 도달하기 위한 지점으로서 그곳에 도달하도록 사람을 강제하는 힘을 가지고 있습니다. 그렇기 때문에 목표를 향한 여정이 고달프고 괴로울 수가 있습니다.

그러니 목표가 아닌 꿈을 꾸어봅시다. 꿈은 강제가 아닙니다. 꿈은 새로운 가능성을 제공합니다. 불가능한 모든 것을 훌쩍 뛰어넘을 수 있는 사고의 영역을 우리에게 제공합니다. 우리는 꿈꾸면서 현실의 어려운 문제를 해결해냅니다.

비록 오늘 우리의 다리가 실험과 해부 실습으로 지쳐 천근만근 무겁게 느껴진다 해도, 기막히게 화창한 날에도 컴컴한 도서관에 앉아 지난번 외웠던 의학 전문 지식을 잊고 새로운 족보들을 외우려고 머리를 두드리고 있어야 한다고 해도, 우리는 적어도 모든 살아 있는 것에 대한 애정으로 똘똘 뭉친 세상을 치유하는 자가 되리라는 꿈을 꾸어봅시다.

세상에는 많은 의료인이 있습니다. 그러나 그 꿈을 꾸는 자만이 세상을 비추는 별처럼 빛날 것입니다.

사랑하다가 죽을 수 있는가

사랑에 빠지고 싶은 젊은이에게

마리아가 예수 계신 곳에 가서 뵈옵고 그 발 앞에 엎드리어 이르되 주께서 여기 계셨더라면 내 오라버니가 죽지 아니하였겠나이다 하더라 예수께서 그가 우는 것과 또 함께 온 유대인들이 우는 것을 보시고 심령에 비통히 여기시고 불쌍히 여기사 이르시되 그를 어디 두었느냐 이르되 주여 와서 보옵소서 하니 예수께서 눈물을 흘리시더라 이에 유대인들이 말하되 보라 그를 얼마나 사랑하셨는가 하며 그 중 어떤 이는 말하되 맹인의 눈을 뜨게 한 이 사람이 그 사람은 죽지 않게 할 수 없었더냐 하더라 이에 예수께서 다시 속으로 비통히 여기시며 무덤에 가시니 무덤이 굴이라 돌로 막았거늘 예수께서 이르시되 돌을 옮겨 놓으라 하시니 그 죽은 자의 누이 마르다가 이르되 주여 죽은 지가 나흘이 되었으매 벌써 냄새가 나나이다 예수께서 이르시되 내 말이 네가 믿으면 하나님의 영광을 보리라 하지 아니하였느냐 하시니 돌을 옮겨 놓으니 예수께서 눈을 들어 우러러 보시고 이르시되 아버지여 내 말을 들으신 것을 감사하나이다 항상 내 말을 들으시는 줄을 내가 알았나이다 그러나 이 말씀 하옵는 것은 둘러선 무리를 위함이니 곧 아버지께서 나를 보내신 것을 그들로 믿게 하려 함이니이다 이 말씀을 하시고 큰 소리로 나사로야 나오라 부르시니 죽은 자가 수족을 베로 동인 채로 나오는데 그 얼굴은 수건에 싸였더라 예수께서 이르시되 풀어 놓아 다니게 하라 하시니라

요한복음 11:32-44

세상 돌아가는 속도가 점점 빨라지고 있습니다. 만나는 사람들에게 어떻게 지내느냐고 안부를 물으면 대개의 경우 바쁘게 지낸다고 말들 합니다. 그래서 요즘은 가까운 사람들끼리도 모임을 갖기 어렵습니다. 가족의 경우도 예외는 아닙니다. 가족끼리 한 상에 둘러앉아 식사를 함께 하기조차 어렵습니다.

이런 상황에서 5월을 가정의 달로 정한 것은 의미가 있습니다. 만일 어린이날과 어버이날, 그리고 가정의 달조차 존재하지 않는다면 우리네 가정은 어떻게 되겠습니까? 바빠서 어쩔 수 없다는 현실을 계속 핑계 삼으면서 1년 내내 가정에 소홀한 채 살아가지 않겠습니까? 그렇게 될 경우 지금보다 더 황폐해진 가정 문화가 눈앞에 펼쳐질 게 뻔합니다. 1년 중 1개월을 가정의 달로 정한 것은 그나마 다행이라고 할 수 있습니다.

가정의 달은 따지고 보면 사랑의 달입니다. 자녀에 대한 사랑, 그리고 부모님에 대한 사랑을 새롭게 하는 달이기 때문입니다. 더 나아가 이런 사랑을 토대로 친구와 친척을 포함한 동료 인간에 대한 나 자신의 사랑을 다시금 반성해보는 달이기 때문입니다.

여러분은 미래를 준비하고 자아를 성취하기 위하여 분주한 날들을 보내고 있습니다. 하지만 20대를 사는 이에게 가장 중요한 화두는 다름 아닌 사랑일 것입니다. 실제로 학생과 이야기를 나누다 보면 일상 속에서 희비를 가르는 가장 큰 이유는 사랑 때문임을 알 수 있습니다. 오랜만에 만난 학생의 얼굴이 환하게 밝아지고 유쾌해졌다면 십중팔구 사랑하는 사람이 생겼다는 자랑으로 이어집니다. 반면 평소 명랑했는데 갑자기 우울하고 시무룩해졌다면 이 역시 80~90퍼센트는 연애 전선에 이상이 생겼다는 푸념으로 이어집니다. 이렇게 젊은 날, 인생의 중심 주제는 사랑입니다.

그런데 최근 한 연구 결과에 따르면 남녀가 서로 만나 열정적인 사랑을 하게 되는 것은 호르몬 때문이고, 그 호르몬이 분비되는 기간은 길어야 1년 반에서 2년이기 때문에, 사랑의 유효 기간 또한 1년 반에서 2년을 넘지 못한다고 합니다. 또 다른 연구에서는 남녀가 첫눈에 반하게 되는 것은 유전자 때문이라고 합니다. 자신과 유전적으로 먼 이성의 체취를 선호하는 경향을 지니고 있다는 사실에 근거해서 특정한 이성에게 관심을 갖는 것이 근친교배를 예방하려는 신체 메커니즘이라고 설명하고 있습니다.

특히 여러분의 오늘은 사랑에 대한 갑론을박이 진행되고 있는 시기임에 분명합니다. 이러한 때 사랑이 무엇인지, 진정한 사랑은 어떤 것인지를 숙고해보고 서로 생각을 나누어보는 것은 의미 있는 일일 것입니다.

오늘의 《성서》 본문은 그리스도교에서 내세우는 진정한 사랑이 무엇인지를 생생하게 보여주고 있습니다. 예수께서는 수전절이라는 명절에 예루살렘으로 올라가십니다. 수전절이란 시리아의 왕 안디오쿠스 에피파네스가 기원전 160년경에 예루살렘 성전 안에 세웠던 주피터 신의 흉상을 철거한 것을 기념하는 절기를 말합니다. 그런데 유대인이 예수께 몰려와 돌로 치고 잡아가려고 하였으나 예수께서는 간신히 위기를 모면하고 다른 곳으로 몸을 피하시게 됩니다. 예루살렘은 예수님께 위험한 지역이었던 것이지요.

이런 와중에 예수께서는 자신과 친분이 두터운 마리아와 마르다의 오빠인 나사로가 큰 병에 걸려 위중하다는 소식을 접하게 됩니다. 그리고 마리아와 마르다는 예수께 자신들의 거주지를 방문해달라고 요청합니다. 그런데 이들 세 사람이 살고 있는 곳은 예루살렘에 바로 인접해 있는 베다니라는 곳이었습니다.

제자들은 예수님의 베다니 방문을 만류합니다. 예수님을 죽이려는 유대인 적대자가 두려웠기 때문입니다. 그러나 제자들은 나사로란 인간에 대한 예수님의 절절한 사랑을 막지는 못하였습니다. 그래서 예수께서는 소식을 접하고 이틀이 지난 뒤 제자들과 함께 다시 예루살렘 쪽으로 길을 나섭니다. 사랑하는 이를 위해 죽음을 불사하신 것입니다.

베다니에 이르니 나사로는 이미 세상을 떠난 상태였습니다. 나사로의 여동생인 마르다와 마리아, 그리고 친지들이 슬피 울고 있었습니다. 예수께서도 이들과 함께 비통해하면서 눈물을 흘리십니다. 그런 뒤 나사로의 무덤으로 발길을 돌리십니다. 무덤 앞에 서신 예수께서는 주위 사람들을 시켜 무덤을 막고 있는 돌을 옮기셨습니다. 죽은 지 나흘이나 된 나사로의 시체에서 심한 냄새가 났습니다. 그럼에도 예수께서는 하나님을 향해 간절히 기도하신 다음 큰 소리로 나사로를 부르셨습니다. 이에 죽었던 나사로가 다시 살아나게 됩니다.

오늘의 《성서》 본문이 보도하는 사건은 굉장한 기적 사건임에 분명합니다. 병자도 아니고 이미 죽어 냄새가 나는 시체를 다시 살리셨으니 말입니다. 이런 점에 주목하여 오늘의 본문은 흔히 예수께서 죽은 나사로를 살리실 정도로 대단한 신적인 권능을 가지고 계셨음을 드러내주는 본문으로 간주되고 있습니다. 그러나 이런 식의 해석은 일면적이라고 생각됩니다. 제가 보기에 복음서 가운데 오늘의《성서》본문이야말로 예수님의 사랑이 어떤 사랑인지를 분명하게 보여주는 본문이기 때문입니다.

예수께서 한 인간의 죽음을 보시고 슬피 우셨다는 보도는 예수님의 인간적인 면모를 여실히 드러내주는 대목이 아닐 수 없습니다. 이런 점에서 오늘의 본문은 예수님의 신적인 권능이나 초자연적인 카리스마를 드러내주기보다는 동료 인간에 대한 예수님의 사랑이 얼마나 절절한 것인지를 보여주는 것입니다. 따라서 우리는 이 본문을 통해 예수님을 닮아가고 좇아가는 사람들이 추구해야 할 사랑이 어떤 것인지를 엿볼 수 있습니다.

실제로 이 사건으로 인해 예수께서는 더 큰 궁지로 몰리게 됩니다. 죽은 나사로를 살리신 예수님의 사랑은 엄청난 대가를 치러야 했습니다. 이 사건을 계기로 많은 사람이 예수님을 믿게 되었는데 이는 예수님을 죽이려는 유대인 지도자들을 더욱 자극하게 됩니다. 이 사건으로 인해 유대인 지도자들이 예수님을 죽이려는 계획을 더 서두르게 됩니다. 한 인간을 살리시기 위해 자기 목숨이 위태로워지는 것도 불사하는 것, 이것이 예수님께서 보여

주신 사랑의 본질인 것입니다. 동료 인간의 아픔에 대해 공감하시면서 그에 대해 끝까지 책임지려 하신 예수님의 사랑이 동료 인간은 살리고 자신은 죽음으로까지 몰아간 것입니다.

그렇습니다. 사랑은 바로 이런 것입니다. 그것은 예수님처럼 이웃을 끝까지 책임져주는 사랑입니다. 죽을 만큼 최선을 다하는 사랑입니다. 말로만 하는 사랑이 아닙니다. 마음 없이 자기의 의로움을 입증하는 데 소용되는 종교적인 의무로 하는 사랑도 아닙니다. 사랑은 상대방이 아프고 힘겨울 때마다 그의 곁에 서서 흐르는 눈물이 되어주는 것입니다. 그래서 어려움 가운데 있는 이웃에게 용기와 힘을 주는 것입니다. 그래서 경직되고 마비되고 무감각한 이를 마음속 깊은 데까지 변화시켜주는 사랑, 그것이 참사랑인 것입니다.

그러나 주위를 둘러보면 이런 진실한 사랑을 거의 발견할 수 없습니다. 자기중심적이고 말뿐인 사랑만이 난무하고 있습니다. 인간이 자기 이해에 충실할 수밖에 없는 존재라는 전제를 앞세우며 순간적이고 즉흥적이며 피상적인 사랑이 지속적이고 일관적이고 심층적인 사랑을 조롱하고 있습니다. 게다가 상업적인 논리가 확산되면서 사랑이란 단어조차 오염되어가고 있는 것 같습니다.

지난 여름 방학에 요즘 젊은이가 좋아한다는 영화를 보러 친구와 함께 극장에 간 적이 있습니다. 극장표를 사려고 매표소에 들어서는데 매표소에서 일하는 젊은 여성 몇몇이 일제히 일어서서 저와 제 친구를 향해 "사랑합니다. 고객님"하고 인사하는 것이었습니다. 순간 저는 아찔했습니다. 저 사람들이 나를 언제 봤다고 사랑한다고 떠드는 것일까? 사랑이란 단어가 얼마나 고귀한 단어인데 이렇게 함부로 사용해서 되겠는가 하는 회의가 들었습니다.

실제로 그 극장 직원들이 사랑하는 것은 저와 제 친구라는 인간 존재가 아니라 두 사람이 지불하게 될 극장 입장료 1만 6,000원임에 분명합니다. 이 일이 있은 후 대중 매체 광고들을 유심히 보았습니다. 그러니까 이런 광고들에서도 "사랑합니다. 고객님"이란 말들이 흔하게 나오는 것을 확인할 수 있었습니다.

이런 현상을 사랑이란 단어의 상업화 혹은 사랑이란 표현의 인플레이션이라고 할 수 있겠습니다. 그러고 보면 지금은 사랑의 가치나 의미가 땅에 떨어진 시대입니다. 현대 소비 사회에서 사랑은 마케팅에나 활용하는 수단에 불과할 뿐 더 이상 인간과 인간을 이어주는 고상한 가치가 아닙니다. 오늘의 사회에서 현실적으로 인간과 인간을 이어주는 원리는 기브 앤드 테이크일 뿐 순수하고 희생적인 사랑은 아닙니다. 그러나 순수하고 희생적인 사랑의 정신이 무력할 것 같지만 실제의 역사를 보면 그렇지 않습니다. 우선 우리가 위인이나 성인으로 존경하는 사람들은 거의 순수한 사람이었습니다. 동료 인간을 목적 그 자체로 대하면서 그들을 끝까지 책임져준 사람이었습니다. 이런 이들이 지금까지 인간의 역사를 이끌어온 것입니다.

사랑한다는 말은 끝까지 함께 책임지겠다는 약속입니다. 사랑은 인간의 삶 가운데 가장 결정적인 진실입니다. 사랑은 예수님처럼 손해나 상처도 불사하면서 끝까지 주는 것입니다. 그래서 희생 없는 사랑은 불가능합니다.

이제 우리는 이웃에 대한 우리의 사랑이 이토록 진지해야 한다는 사실을 다시 한 번 깨달아야 합니다. 경쟁의 원리가 점차 확산되어가는 이 살벌한 시장주의적 시대에는 더더욱 그리해야 합니다. 타인을 사랑하되 죽기까지 사랑을 해야 할 것입니다. 그래서 어느 시인은 역설과 반어의 방법으로 이렇게 노래합니다. "사랑하다가 죽어버려라."

이 시간 하늘로부터 내려오는 그 절절한 사랑을 내리받아 우리의 사랑이 진지함을 더할 수 있게 되길 기원합니다.

사랑의 하나님, 뭐든 풍요로운 시대이지만 우리의 삶이 점점 메말라감을 느낍니다. 사랑이 훼손되고 증발되어가는 세태에 휩쓸려 하나님의 사랑을 이웃에게 전하는 아름다운 임무를 저버리는 저희가되지 않게 하옵소서. 죽기까지 우리 인간을 품어주신 주님의 사랑에 대한 기억을 되살려 이웃을 끝까지 책임지는 사랑의 사도가 되게 하옵소서. 예수님 이름으로 기도드립니다. 아멘.